一学就会的
经济学

张彩彩　于富荣　编著

中国法制出版社
CHINA LEGAL PUBLISHING HOUSE

前言

Preface

在当今社会，谁不学习经济学，谁就不懂得怎样生活。

——保罗·萨缪尔森（诺贝尔经济学奖得主）

尽管有些人认为自己能够不受知识分子的影响，但是他们却往往被某些经济学家的观点所左右。

——约翰·梅纳德·凯恩斯（宏观经济学奠基人）

不论你是否懂得经济学，你每天的工作、学习或者生活，都已经成为这个社会经济活动中的组成部分。你收到工资了，就会想着如何分配一个月的开支，能节余多少；你去超市购物，要考虑买什么食品，才能花钱少又营养丰富；你打算进修英语，在多家培训机构中比较衡量哪一家的性价比最高……其实，你每天都在不自觉地运用经济学管理你生活的方方面面，只是你更多的是凭借自己的经验，而不是从理论的高度来做决策。

作为一门科学，经济学有一套独立的理论和体系，它研究的是人类的经济行为，和财富、生产有关，又涉及复杂的数量关系，兼具某些社会科学和自然科学的特性，所以难免让普通人望而生畏。其实，经济学并不深奥，因为它本就时时出现在你身边。褪去复杂的数学外衣，你会发现经济学是从生活中提炼出来的一种贴近生活的思维方式。

和其他学问一样，经济学也有深有浅，深邃的经济学是经济学家研究的，而日常生活中的经济学常识，是我们需要了解和掌握的。本书就是这样一本关于经济学常识的通俗读物，精选了普通人应该知道的几十个经济学常识，从经济学原理、宏观经济、日常生活、职场经济学、经营管理、投资理财、博弈经济学、国际贸易、金融经济学、家庭经济学等方面切入，用通俗的语言和生动的故事，解析经济学现象背后的原理，讲述日常生活中的经济学知识，将抽象、深奥的经济学理论转化为浅显易懂的道理。希望本书能够帮助你正确地运用经济学，让经济学更好地为你服务。

也许你现在正对情场或职场中的一些事感到迷茫，那么经济学可以为你提供一种新的思维方式，让你在面对困惑时茅塞顿开。你会在本书中找到下面这些问题的答案：

做事要考虑哪些成本？

我的教育、恋爱、婚姻、工作、交际和我的经济状况有怎样的关联？

我该怎么利用信息指导经济行为？

价格大战背后隐藏着怎样的秘密？

怎样才能理性消费？

……

可以说，经济学是生活中不可或缺的一部分。懂得经济学的人不仅能更加合理有效地支配个人收入，知道怎样花钱能获得最大的效益，还能看清社会发展的基本规律。小到家庭经济，大到国际经济，看清形势，才能知道如何行动。你也许不会因为阅读本书成为经济学家，但作者和编者相信这本书一定能帮助你在生活中发现经济学的奥妙，帮助你更好地规划人生，在工作中获得成就，让生活变得更充实、更有意义。

目录

Contents

第三章 | 重新审视自己的生活：不可不知的日常生活经济学常识

第四章 | 让自己变得不可替代：不可不知的成功职场经济学常识

第五章 | 做大企业，带好团队：不可不知的经营管理经济学常识

第一章

揭开经济学的神秘面纱：不可不知的经济学原理

机会成本：学会选择，懂得放弃

《艺文类聚》中描述了这样一个故事：

齐国有个女儿，有两家男子同时来求婚。东家的男子长得丑但是很有钱，西家的男子长得俊美但是很穷。

父母犹豫不决，便征询女儿的意见，问她愿意嫁给谁："要是难以启齿，不便明说，就露出一只胳膊，让我们知道你的意思。"

女儿便露出了两只胳膊。

父母感到奇怪，问其原因。女儿说："我想在东家吃饭，在西家住宿。"

故事中齐女的想法在现实中是不可能实现的。当鱼和熊掌不可兼得时，选择吃鱼，就不能吃熊掌，这就是选择的机会成本。所谓机会成本，又称选择成本，是指不做该选择而可能获得的最大利益。

美国诺贝尔经济学奖第一人萨缪尔森在其著作《经济学》中曾以热狗公司为例来说明机会成本的概念。热狗公司所有者每周投入 60 个小时来经营自己的公司，但不领取工资。到年末结算时公司获得了 22 000 美元的可观利润。但是如果这些人能够找到其他收入更高的工作，使他们的年收益达到 45 000 美元，那么他们从事的热狗工作就会产生一种机会成本，即他们从事了热狗工作而不得不失去其他获利更多的机会。对于此事，经济学家这样理解：如果用他们实际赢利的 22 000 美元减去他们失去的 45 000 美元的机会收益，那他们实际上是亏损的，亏损额是 23 000 美元。

其实，机会成本存在于我们生活的方方面面，因为我们的时间、精力、财力都是有限的。甚至可以说，我们的每一个行为都是选择的结果：也许你有买一套服装的预算，但同时看中了两套各具特色的衣服；也许你攒了一笔钱，准备添置新的家具，却不知道是买一套组合柜，还是换一套新的餐桌椅；也许你快大学毕业了，犹豫着是继续攻读研究生，还是去工作；也许你有一笔可以投资的资金，不知道是投向计算机软件业，还是投向音像出版业；等等。这些问题都等着我们去做决策，只不过决策的内容有大有小。

如果几种选择优劣分明，做决策就是一件容易的事情。比如，有两家公司，其他情况都相似，一家公司答应每月付给你 8 000 元，另一家答应付你 5 000 元，应该去哪家公司就不必反复斟酌。但如果两家公司都愿意付给你 8 000 元工资，你就很难判断去哪一家更好。当然，这是一个很极端的例子。两种方案的成本收益完全一样的情况是非常少见的，常见的是几种选择优劣相近，难分伯仲。这时我们就要费心权衡。在甲、乙两公司都愿意每月付给你 8 000 元工资的例子中，如果你接受了甲公司的工作，在得到每月 8 000 元工资的同时，你就会失去乙公司每月付给你 8 000 元的机会，因此你获得 8 000 元收益的机会成本也是 8 000 元。

如果去歌厅和去电影院对你有同样的吸引力，不妨掷硬币决定去哪儿。当然，如果是重大决策，还是多考虑为好。如选择爱人，可就不能用掷硬币的方法了。

总之，选择最高价值的选项是明智的决策，它可以将机会成本尽可能地降低。当然，有时候，我们也会遇到不得不放弃最高价值选项的情况，这时候，与其相对应的“机会成本”——在理论上处于第二高的价值——就成了我们最好的选择。

小贴士

面对机会成本时的明智选择：

1. 学会权衡利弊

人们对机会成本的感觉大多有偏差，要善待自己，也要善待他人。既要尊重自己的感觉和选择，也要尊重他人的感觉和选择。在做个人的选择时，决策尽可能由自己做出，因为只有自己了解真实的情况，而别人对你的决策总归缺少充分的信息。

2. 敢于放弃

获取与放弃是相互伴随的，有获取就会有放弃，有放弃才会有获取。什么都想抓住，什么都想得到，最终会什么也抓不住，什么也得不到。为了降低选择的机会成本，我们需要从客观情况出发，对被放弃的机会做出正确的评价，敢于放弃，选择对自己最有利的。

激励：影响你的决定

每个人的生活都是由其自身的行为构成的，表面上看，是我们自己决定做出哪些行为，但本质上，这个做决定的过程其实和外界有着千丝万缕的联系。假设做一件事情的成本增加了，我们就会减少这种行为。反过来，如果做一件事情的利益增加了，我们就更愿意去做这件事。对于那些能够调动人们积极性的要素，经济学家们都十分重视，并由此产生了著名的激励理论。

人们会对“激励”做出反应，做或不做某个行为。例如，2011 年 3 月，受日本大地震的影响，日本东京电力公司下属的福岛核电站严重损毁，大量放射性物质泄漏。此时，受谣言“碘盐可以防辐射”的误导，浙江、安徽、北京、江苏、海南、广东、吉林、山西等地都出现了碘盐抢购潮。这就是人们对外部因素“激励”的反应行为。谣言既“激励”消费者对碘盐的需求量上升，又“激励”碘盐销售者抬高碘盐价格并囤积碘盐。在谣言的“激励”下，很多人展开了“服碘盐防辐射”这个行为。尽管这个“激励”是不正确的，但这个现象确实能说明市场信息对消费者和销售者行为的巨大影响。

在汉语中，激励有正面的“激发、鼓励”之意，是个褒义词，但有时候人们会根据激励的方向及其产生的后果，而将激励分为正面的激励和负面的激励。在经济学中，激励被广义地定义为一切足以影响人们自觉行动的刺激因素，它与人们的利益有直接或间接的关系，既可以得到预期的良好表现，也可能带来不利的后果。因此，利用激励理论来促使人们做或不做某种行为时，可以采取“奖赏”或“惩罚”的方法。

商场里“打折”“返券”“赠送”等种种促销活动，就是商家为了刺激顾客购买欲的“奖赏性激励”方法。在这些方法面前，即使有人去逛商场之前已经列好购物清单、做好预算，他们中的许多人还是会因为便宜划算，花钱超过预算。这就是我们对商家“奖赏性激励”做出的反应。至于“惩罚性激励”也很常见，上班迟到扣工资、司机违章被罚款等，都是为了规范人们的行为而实施的“激励”措施。

能够激励人们的因素有很多，比如职位和薪水的提升、社会地位和名誉、富有魅力的异性或者家人的幸福等，都能够调动人们奋发拼搏的积极性。作为经济学中的重要原理之一，激励现象存在于人们的许多决策和行为之中。在我们做决策时，要用尽可能低的成本来提高自己或别人的满意度。

一种制度把个人利益与组织整体利益统一起来，让个人在实现自身利益的同时也实现了组织的整体利益，这样的制度就是激励机制。激励机制一旦形成，就会作用于组织系统本身，使组织机能处于一定的状态，并进一步影响组织的生存和发展。有一个典型的例子，就是商场和商户的关系。

有这样一位老板，他在开会时告诉下属：“下一家店要开在房租随营业额增减的地方。”下属们都糊涂了，如果按老板说的找店面，那么大家越努力提高店铺的业绩，房租越会上升，那岂不是给房东打工了？面对员工的疑惑，老板笑而不语，只是要求大家尽量去找。

几经比较之后，终于找到一家老板满意的店面。开业一年后盘点，大家发现新店的投入产出比居然好于以前那些固定租金的店面，于是公司里到处都是对老板的赞美。

这位老板到底是如何考虑的呢？

其实，“浮动租金”对商场和商户都是一种激励。商场会为了获得更多的租金而努力宣传商场、提高客流量，而商户也会在商场客流量增加的情况下实现更高的销售额。毕竟如果没有大量顾客光临购物中心，商户就无法提高自己的营业额。而在固定式房租的条件下，对于商场的管理者来说，无论有多少客流量，都对他们的收入没有影响（除非商户由于客流量小而搬走）。上面例子中的老板看中的正是“为了提高房租收入，房东一定会努力为我们招揽客人”这一点，才特意选择“房租随营业额增减的地方”。这不仅不奇怪，而且是一种十分合理的选择。

在我们身边，激励无处不在，理解了这一点，我们就能更好地洞察社会中的种种信息和行为，做出有利于自己的决策。社会是一个整体，人们会在被激励的同时激励别人，这种激励关系能成就多样的良性互动。

小贴士

辨明正负激励，使行动变得更加积极：

1. 正面激励的力量

激励他人是触动对方心灵并激发其行动的最有效措施，人们不停地用激励的方法影响他人做各种事情，公司中的领导管理下属、下属影响领导，家庭中的夫妻相处、孩子教育，谈判桌上的斗智斗勇……

艾森豪威尔曾说：“激励是使别人积极主动地做你希望他们做的事的艺术。”

2. 负面激励的正面效应

负面的激励并不意味着会得到“负面”的结果，事实上好的销售员起码有一半是被负面因素激励起来的——如果他们没有完成计划会怎么样，而不是如果完成了计划他们会得到怎样的奖励。“负面”的激励并不是负面的，实际上它是积极的，也能激励人。

比较优势：发挥优势使状况更好

在介绍比较优势之前，我们先来讨论下面这个问题：

> 在一个团队中，甲乙两人既能做财务工作又能做推销工作。1小时里，甲能处理10份报表或者约4位客户面谈，而乙能处理6份报表或者约1位客户面谈。如果你是公司的总经理，你应该如何给这两人分配工作呢？

我们做每一个选择时都要考虑机会成本。对于预约一位客户来说，甲的机会成本是10/4份报表，而乙的机会成本则是6份报表；对于处理一份报表来说，甲的机会成本是4/10位客户，而乙的机会成本则是1/6位客户。显然，在推销工作中，甲的机会成本比乙的低，而在财务工作中，乙的机会成本要比甲的低。前面我们说过，决策时要尽量降低机会成本，因此，你能采取的最佳方案是让甲去做销售，而把财务工作交给乙。

上面的例子中，尽管甲在推销工作和财务工作上都比乙具有绝对优势，但由于机会成本不同，原本处于劣势的乙相对于甲在财务工作上具有了比较优势，而分工方式就在比较优势上建立起来了，这是身为总经理的你做出最优组合的重要考量方式。为什么这么说呢？这是因为甲的时间、精力是有限的，尽管甲什么都比乙能干，但甲不能什么都自己做。如果他选择什么都自己做，那他得到的收益会少于和乙合作所得的份额。

事实上，在这种发挥比较优势而确立分工的模式下，团队的利益会最大化。这告诉我们：“专心于拥有比较优势的工作，可以提高整体的经济效率。”

现在我们来总结一下什么是比较优势：在经济学上，比较优势主要用来衡量两个生产者在做同样劳动时的机会成本。生产同一种物品，机会成本较少的生产者具有比较优势，除非两个人有相同的机会成本，否则一个人就会在一种物品上有比较优势，而另一个人会在另一种物品上有比较优势。

既然机会成本不同使得存在比较优势，那么要使个人的情况变得更好，我们可以通过交换各自能发挥优势的物品，从而以低于自己生产时的机会成本得到另一种物品，这也是人类发展过程中分工和贸易出现的重要原因。

大家都知道，如果在购买一件东西时所付出的代价比自己独自生产时的费用小，就不独自生产了。例如，裁缝不会制作他自己的鞋子，而会向鞋匠购买。鞋匠不会制作他自己的衣服，而会请裁缝制作。他们都知道，为了他们自身的利益，应当把他们的全部精力集中使用到有利的方面，而以劳动生产物的一部分或同样的东西，即其一部分的价格，购买他们所需要的其他物品。

比较优势是经济活动中的一种相对优势。正如著名经济学家大卫·李嘉图所说：“是的，我什么都比你强，你什么都不如我，但这没有关系，我们还是存在专业化生产的可能；这就是按照各自的比较优势，‘两优择其重，两劣择其轻’，进行专业化生产，这可以使总产量增加，产品和服务极大丰富，大家得益。”从这段话不难看出，个人应该合理利用自己的比较优势。即使你有些方面的能力不如别人，但只要你能够找到自己的比较优势，并认真去做，就能找到自己的位置。

小贴士

如何合理利用比较优势?

1. 发现优势，发挥优势，成就自己

人都有自己的优势。只要用心，就一定能找到自己的优势，并对其加以扩展，在优势方面正向积累资源，进一步形成强势，形成区别于其他人的特点，让自己凸显出来。

2. 亮出优势，持续专注

看清自己的优势与劣势，把握优势，发挥它的效力；对于劣势，正视它的存在，以优补劣。专注于发挥自己的优势，只有这样，才能选择最佳的人生航线，最大限度地实现自己的人生价值。

理性人：经济学家眼中的理想国民

有一位妇人在纽约市的多家报纸上刊登了1美元卖宝马车的广告，人们不以为意，认为1美元不可能买到宝马车。一周过去了，没有人去买这辆廉价的宝马车。刚毕业的青年约翰看到这则广告，满怀希望地拿着1美元按报纸上的地址去买这辆宝马车。很快，约翰就和卖车的妇人办好了手续。约翰问道："为什么这辆宝马车只卖1美元呢？"妇人说："因为我老公去世了，他的遗产全是我的，只有那辆宝马车是属于他情妇的。根据他的遗嘱，要把这辆车拍卖，拍卖所得款项全部归他的情妇所有。所以，1美元即可。"约翰高兴地开着宝马车回家了。

如果你看到1美元卖宝马车的消息会去联系买主吗？无论你信还是不信，你都做出了独立的理性判断。事实上，卖车的妇人为了使她老公的情妇得到尽可能少的遗产而贱卖宝马车。不相信这个信息的人是为了避免自己在虚假信息上浪费精力，而相信这个信息的约翰想要廉价获得一辆宝马车，他们都是理性的，他们的行为都是为了让自己的利益最大化。联系我们日常购物时想要"物美价廉"的心理，由此可以看出，在经济活动中，人都是自利的，这其实就是经济学者眼中的"理性人"。

关于"理性人"，亚当·斯密在《国富论》中有经典的阐述："我们每天所需要的食物和饮料，不是出自屠户、酿酒家和面包师的恩惠，而是出于他们自利的打算。我们不说唤起他们利他心的话，而说唤起他们利己心的话，我们不说我们自己需要，而说对他们有好处。”在亚当·斯密看来，“理性人”把任何社会性的合作活动都视为满足自己需要的手段，“理性人”为了追求自我利益的最大化，就需要计算怎样的行动才能最有效地达到自己的目的，这种计算是理性的。基于这样的观点，亚当·斯密提出了下面两个著名的假设：

1. 每个人都是理性的

这里的理性是指有明确目标的、能够产生利益的、经过考虑的有意识或无意识行为。正是因为人存在理性，所以他们能够预测自己行为的结果，并导引自己的行为朝向预期目标进行。

2. 追求个人最大利益

人是高级动物，但首先是动物。动物都有趋利避害的本能。你给小猫食物，它会跑过来，这就是趋利；你打它，它会跑开，这就是避害。只有趋利避害才能保全自我，才谈得上其他。这是动物的本能。

人同样也有趋利避害的本能。趋利避害就是在追求自己利益最大化的同时将成本最小化。任何情况都是如此，这就是人性。千万别小看理性与自私这两个基本的人性假设，因为整个经济学就是建立在这种人性假设的基础上，因此经济学把理性和自私的经济人假设作为自己的基本前提。

在经济学家眼里，千差万别的人都是理性经济人——不懈追求自身最大限度满足的理性的人。显然，经济人都是自利的，将自身利益的最大化作为自己的追求。当一个人在经济活动中面临若干不同的选择机会时，他总是倾向于选择能带给自己更大经济利益的机会，即总是追求最大的利益。

因此，理性经济人是自利的，但自利不完全等于自私。举个例子，一个虔诚的基督教徒由于相信上帝，充满了行善的愿望，他人得到幸福时，他也会觉得自己幸福——他是自利的，但并不自私。

无论个体的行为是成功地为个体带来经济利益的流入，还是带来了经济利益的损耗，在做出决策时，个体都是理性经济人。在社会和经济活动中，人人都是理性经济人。如买一件商品时，人人都希望买到的是“物美价廉”的商品，而不希望买到“物次价高”的商品，因为在经济活动中，人会争取最大的自利。也许不小心买了“物次价高”的商品，但这不会改变个体是理性经济人的事实。

小贴士

如何看待个人利益?

个人利益有广义和狭义之分，金钱的利益是狭义的，其他非金钱的利益，如家庭的温暖、朋友的感情等都是无法用金钱来衡量的。将其归入利益是因为这些会带来不确定的金钱收益，但是维护这样的关心有时也需要金钱。

我们经常看到，费尽心机地维护一位客户的关系或者朋友的关系，到头来却什么也得不到，而你从不关注或者关注很少的关系会不经意地带给你超额的金钱利益。所以，世界才这么精彩，你不知道眼前落魄的人将来可能发达，成为你的财源。

对待朋友、对待客户要尽心竭力，不一定是金钱的付出，也许你期待将来有回报，也许你不期待，但你必须一视同仁地对待朋友，一如你耕种时要重视每一粒种子，你不知道哪一粒最后会生根发芽开花结果，但是你知道只有这样才有收获，而且最后收获一定大于付出。

赤诚的心才能换来回报!

信用：商业活动中的传世经典

荷兰地理面积很小，却成为17世纪的“海上马车夫”，成为先进的资本主义国家，其崛起的重要原因之一是荷兰人重诚信。有一个故事是这样的：

> 1596年，荷兰的一位船长带着17名水手，被冰封的海面困在北极圈的一个地方。8个月的漫长冬季，死了8个人，但荷兰商人做了一件令人难以想象的事情，他们丝毫未动别人委托他们运输的货物，即使这些货物中有可以挽救他们生命的衣物和药品。冰冻时节结束了，幸存的商人终于把货物完好无损地带回了荷兰，送到委托人手中。荷兰人有充分的理由可以先打开托运箱，把能吃的东西吃了，等到了目的地，再加倍偿还委托人。任何人出于人道主义都会同意这种做法。但是，荷兰商人没有这样做，他们把商业信用看得比自己的生命还重要。他们以生命为代价，守住信用，创造了传承后世的经商法则。在当时，荷兰本来只是个拥有100多万人口的小国，却因为商誉卓著，成为海运贸易的强国。

在《新帕尔格雷夫经济学大辞典》中，对信用的释义是：“提供信贷意味着把对某物（如一笔钱）的财产权给以让渡，以交换在将来的某一特定时刻对另外物品（如另外一部分钱）的所有权。”

从经济的角度来看，“信用”实际上是指“借”和“贷”的关系。信用实际上是指“在一段限定的时间内获得一笔钱的预期”。你借得一笔钱、一批货物（赊销），实际上就相当于你得到对方的一个“有期限的信用额度”。你之所以能够得到对方的“有期限的信用额度”，主要是因为对方对你的信任。

企业与企业、个人之间的信用，主要体现在两个方面：一是商业信用，也称交易信用，即企业与企业之间的信用，也可以称为 B2B 信用。它主要指企业与企业之间的非现金交易，也就是人们常说的赊销。我们不要简单地将赊销对象看成一些有形的商品，如汽车零配件供应商提供的一批零件；它实际上也可以是一个工程，比如，建筑公司完成了一幢大厦的建造，工程款尚未完全收回，这时该建筑公司赊出去的不只是在这幢大厦建造中预付的资金、材料，还有在建造过程中的劳动；还可以是一些无形的服务、智力产品等，比如，管理咨询公司提供的咨询服务等。二是企业与个人之间的信用，也可以称为 B2C 信用。这种形式的信用在我们的日常生活中很常见，比如，我们使用信用卡消费，或者分期付款买车、买房等。

信用在现代经济中的作用既有积极的一面，也有消极的一面。其积极的作用主要表现在：

1. 现代信用可以促进社会资金的合理利用。通过借贷，资金可以流向投资收益更高的项目，可以使投资项目得到必要的资金，资金盈余的单位又可以获得一定的收益。

2. 现代信用可以优化社会资源配置。通过信用调剂，让资源及时转移到需要这些资源的地方，就可以使资源得到最大限度的利用。

3. 现代信用可以推动经济的增长。一方面，通过信用动员闲置资金，将消费资金转化为生产资金，直接投入生产领域，扩大社会投资规模，增加社会就业机会，增加社会产出，促进经济增长；另一方面，信用可以创造并扩大消费，通过消费的增长刺激生产扩大和产出增加，也能起到促进经济增长的作用。

信用对经济的消极作用主要表现在信用风险和经济泡沫的出现。信用风险指债务人无法按照承诺偿还债权人本息的风险。在现代社会，信用关系已经成为最普遍、最基本的经济关系，社会各个主体之间债权债务交错，形成了错综复杂的债权债务链条，这一链条上有一个环节断裂，就会引发连锁反应，对整个社会的信用联系造成很大的危害。经济泡沫是指某种资产或商品的价格大大地偏离其基本价值，经济泡沫的开始是资产或商品的价格暴涨，价格暴涨是供求不均衡的结果，即这些资产或商品的需求急剧膨胀，极大地超出了供给，而信用对膨胀的需求给予了现实购买和支付能力的支撑，使经济泡沫的出现成为可能。

小贴士

关于个人在经济活动中信用的两点建议：

1. 明确信用是一种无形资产

在市场竞争中，谁讲信用、恪守合约，谁就处于有利地位，这是经商成功的奥妙。从长远看，信用可以赢得更多的客户和固定的客户，会带给个人无穷无尽的“效益”。

2. 保持良好的个人信用记录

保持良好的个人信用记录，可以提高个人获得金融支持和融资服务的可能性和便利性。因此，要在平时养成良好的信用习惯，如个人应根据自己的收入水平合理安排信用消费，不要过度“透支未来”，提高不能按时还款的风险，造成信用报告中的负面记录。随着我国征信系统的逐步建立，其他如固定电话费、电费、煤气费、水费、宽带费、移动通信费、有线电视费、机动车通行费、交通违章罚款、租赁费等，都会影响信用记录。

通货膨胀：整体物价水平持续性上升

自2007年以来，越来越多的人发现，财富的增加速度远远跟不上物价上涨的速度，虽然财富变多了，却感觉自己变穷了。我们都希望花同样的钱，买更多的东西，但现实却与此相反。工薪阶层开玩笑说："这些年除了工资不涨，什么都涨。"于是有人说，这就是通货膨胀啊！也有人会说，这哪是什么通货膨胀啊，别再喊了，小心真把通货膨胀这只狼喊来了。

那么，到底什么是通货膨胀？

涨价就一定是通货膨胀吗？当然不是，一般来说，通货膨胀必然引起物价上涨，但不能说物价上涨就是通货膨胀。比如，商品价值量增加，商品的价格也会上涨。再如，在商品供不应求时，价格也会上涨。那么到底哪种情况的物价上涨才能称为通货膨胀呢？

简言之，通货膨胀是指经济生活中，整体物价水平持续性地上升。这个定义包含两层含义：

一是整体的物价水平。这是指全社会总的消费品和生产品等可供交易的物品价格整体上涨。比如，你今天去买水果的时候发现香蕉因为歉收涨价了，其他水果的价格则没变，这不叫通货膨胀。通货膨胀必须是整体价格上涨，让你感觉手上的钱不值钱了，能买到的东西更少了。

二是持续的价格上涨。这是说价格上涨已经呈现出一定的趋势，不是偶然出现的。比如，由于天气因素，物流运输系统受到影响，某城市的蔬菜供给跟不上，蔬菜价格普遍上涨，但是过一段时间又恢复了，这不叫通货膨胀；再如，在寒冷的北方，蔬菜在冬天都会涨价，这是因为蔬菜生产成本提高，市场上的供给量少而导致供求关系变化引起的，也不能叫通货膨胀。通货膨胀指在一定时期内持续的价格上涨的现象。

通货膨胀是政府在一段时间内发行的货币数量的增加速度大于商品数量的增加速度，使得市场上“钱多物少”，导致物价水平普遍上涨，进而单位货币的购买力下降。由于货币代表着它能交换到的商品的价值，在理想的情况下，货币数量的增长速度应该与市场上商品数量的增长速度基本持平，这样物价就能持续保持稳定了。但实际上这很难实现，在复杂的经济活动中人们不容易判断市场上商品数量的增加情况。我们来举个例子：

假如市场上只有菠菜这一种商品，假定它的产量是 10 千克，此时市场上的货币总量是 30 元，那么每千克菠菜的价格是 3 元。由于第二年风调雨顺，菠菜大丰收，产量翻了一番，政府考虑增加货币发行量，使得市场上的货币总量是 100 元，那每千克菠菜的价格就是 5 元，以此类推，整个多样化的市场，物价水平提高了，单位货币的购买力下降，通货膨胀就出现了。

按照严重程度，通货膨胀一般可以分为以下四种类型：

1. 温和的通货膨胀

温和的通货膨胀也称爬行式通货膨胀，通货膨胀率一般保持在 2%—3%，最高不超过 5%，是一种比较稳定的通货膨胀。在日常生活中，当整体物价持续上涨率达到 2.5% 时，就已经产生了通货膨胀。在社会经济发展的过程中，温和的通货膨胀不会引起社会大的经济波动，相反地，还可以有效刺激经济的增长。因为物价提高会使生产者的利润提高，从而刺激生产者投资的积极性。这种温和的通货膨胀像润滑油一样润滑了经济的增长，因此也被称为“润滑油政策”。

2. 快速的通货膨胀

快速的通货膨胀也称跑马式或小跑式通货膨胀。这是一种不稳定的，且很容易迅速恶化的通货膨胀。快速通货膨胀的通货膨胀率较高，一般会达到**两位数**以上，这时人们对货币的信心产生动摇，经济社会产生动荡，所以这是一种比较危险的通货膨胀。

3. 恶性的通货膨胀

恶性的通货膨胀也称飙升式通货膨胀、极度通货膨胀或超速通货膨胀。这种通货膨胀的通货膨胀率非常高，一般达到**三位数**以上，处于完全失去控制的状态。导致物价持续飞速上涨，货币大幅度贬值，整个社会的金融体系一片混乱。

这种通货膨胀在经济发展史上是很少见的，在战争或社会大动乱之后较容易发生。例如，第一次世界大战结束后，作为战败国的德国需要支付巨额赔款，政府便大量超发货币，导致了严重的通货膨胀。1923 年，德国甚至印出一百万亿马克的钞票。对于国家经济来说，纸币在当时的德国几乎失去了意义。

4. 隐蔽的通货膨胀

隐蔽的通货膨胀也称抑制型的通货膨胀，是指社会经济中存在着通货膨胀的压力或潜在的物价上涨的危机，但由于政府实施的价格管理政策非常严格，所以通货膨胀得到抑制不会真正产生。但是，政府一旦放松或解除价格管制措施，通货膨胀就会产生，所以这种通货膨胀被称为隐蔽的通货膨胀。

通货膨胀产生的原因有很多种，也比较复杂，对老百姓生活的影响表现在很多方面。但我们没有必要深入研究这些内容，关键是要学会如何应对，以减少压力和损失。作为一名普通人，可以从以下两个方面应对通货膨胀：

1. 努力工作，增加自己的储蓄，减少开销，这样做，可以减轻通货膨胀对自身造成的压力。

2. 积极学习投资理财知识，通过投资理财抵消通货膨胀对个人财产的侵蚀。需要注意的是，要根据通货膨胀的不同程度选择合适的投资理财方式。

例如，当处于温和的通货膨胀（2%—3%）形势时，这一时期的经济还处于比较健康的时期，这时，利率还不高，经济形势较好，最好不要购买大量的生活用品或黄金，而应该充分利用手中的资金，将其投入市场。此外，投资股市或房地产也是一个不错的选择。但是，切不可购买债券，尤其是长期债券。手中持有的资产，即使已经有了不错的收益，也尽量不要轻易出售，更大的收益可能就在后面。

当通货膨胀达到 5%—10% 时，这一时期，经济形势看似非常繁荣，房地产和股市高涨。政府已经出台的一些调控手段很容易被市场的投资热情所掩盖，作为一名理性的投资者，要对房产和股市投资多加小心。

在更高的通货膨胀情况下，政府会出台一些更加严厉的调控政策，这样，在一段时间内，经济会出现衰退。因此，这时不能选择股市投资，而作为实物资产的房产是对抗通货膨胀的有力武器，但是最好不要贷款买房或炒房。因为在经济衰退期，房产市场会受到很大程度的影响。在这种形势下，利率相当高，最好的选择是长期固定的收益投资，如长期债券等，而企业债券之类的则要多加小心，因为它的偿付能力可能随着经济的衰退而减弱。这时最好购买一些储蓄型的保险。

当出现恶性的通货膨胀时，用最快的速度将手中的全部财产换成另一种货币并离开发生通货膨胀的国家，是最好的方法。在恶性通货膨胀下，任何金融资产都有可能变成垃圾，甚至房产、企业等实物资产都不能要，因为恶性通货膨胀会导致整个社会陷入长期的经济萧条，严重时，会出现社会动乱。在这种情况下，对于普通老百姓来说，最明智的方法是收藏黄金等保值物品，这样做，可以有效减少个人的经济损失。

小贴士

关于个人应对通货膨胀的三个建议：

1. 积极理财，应对通货膨胀

面对高通胀，不采取应对措施，只会坐吃山空，眼睁睁地看着自己的财富被一点点地侵蚀，只有通过合理的投资理财，来获得一定的收益，才能抵消甚至超出通胀对个人财富的侵蚀。

美国理财专家柯特·康宁汉有句名言："不能养成良好的理财习惯，即使拥有博士学位，也难以摆脱贫穷。"

2. 开源，想方设法增加收入

朱熹在《观书有感》中写道："问渠那得清如许？为有源头活水来。"可见，源头活水是水渠一直清澈的根源。同样地，要改善自己的经济状况，应对通货膨胀，最根本的方法是从源头做起，想方法去开源，通过努力工作、兼职或创业增加收入。

3. 节流，也是一种理财

我们不能增加收入，但可以在节约上下功夫，能省则省，将节约理财养成一种习惯。其实，只要你有心，就会发现生活中可供你"节约"的机会无处不在，小到节约用水用电，大到改变消费陋习。

通货紧缩：是什么在阻碍经济的复兴

19 世纪俄国著名作家克雷洛夫，写了一篇寓言《杰米扬的鱼汤》。该寓言讲述了主人公杰米扬用鲜美的鱼汤款待客人的故事。这本是一件好事，可是他一盆接着一盆地请客人吃，没有休止，最后客人忍无可忍，逃席而去，从此再也不敢登门。这个故事说明，任何事物都要保持一定的数量界限。在一定的界限内，量的改变不会影响质，而一旦超出这个界限，量的变化就会引起质的变化。鲜美的鱼汤无疑是待客的佳品，但过量了，就变成了灾难。货币就像鱼汤，发行过多会让市场因承受不起而崩溃，而过少则同样会引发不利后果——通货紧缩。

1929—1933 年，美国物价总水平连续 4 年下降，导致经济大萧条，实际国民生产总值（GNP）分别下降 9.9%、7.6%、14.9% 和 1.9%，失业率由 1929 年的 3.2% 急剧攀升到 1933 年的 25.2%，经济陷入严重的衰退。因此，通货紧缩被认为是经济衰退的先兆。自那次大萧条之后，世界范围内几十年没有再出现大规模的资产价格泡沫。到了 20 世纪 70 年代，人们仍然没有意识到泡沫和萧条之间的关联，而是把泡沫和大萧条看作一段遥远的历史，他们更担心的是高昂的石油价格和随之引发的通货膨胀。但是突然间，这种平静的局面被日本剧烈的经济动荡彻底打破。日本遭受了严重的泡沫危机，其经济在随后的十多年里持续停滞。更可怕的是，自 30 年代以来已经绝迹的通货紧缩再度出现。人们终于意识到：通货膨胀很容易导致通货紧缩随之而来，使经济衰退更加严重，经济复兴更加困难。日本在20世纪90年代的通货紧缩被经济学家称为“失去的十年”，一旦通货紧缩形成，要想让经济继续增长是非常困难的。

当市场上流通的货币减少，人们所得的货币随之减少、购买力下降时，物价就会开始下跌，造成通货紧缩。诺贝尔经济学奖得主萨缪尔森是这样定义通货紧缩的：“价格和成本正在普遍下降即通货紧缩。”而经济学界普遍认为，当消费者物价指数（CPI）连跌两季时，即表示已出现通货紧缩。

通货紧缩是货币供应量少于流通领域对货币的实际需求量而引起的货币升值，从而引起商品和劳务的货币价格总水平持续下跌的现象。通货紧缩包括物价水平、货币供应量和经济增长率三者同时持续下降。因此，在经济实践中，判断某个时期的物价下跌是不是通货紧缩，一要看通货膨胀率是否由正转变为负，二要看这种下降的持续是否超过了一定时限。

与通货膨胀（通胀）引起物价持续上涨、货币贬值，影响人们的日常生活一样，通货紧缩也是与每个人息息相关的经济问题。一般来说，职工下岗，物价负增长，企业负债率高涨，投资“套牢”，经济增速下滑，银行利率连续下调，资源消耗量萎缩，干什么都不赚钱了，这些都是通货紧缩的征兆。

通货紧缩对经济增长的影响有短期和长期之分，适度的通货紧缩有利于经济的增长。原因是：通货紧缩将促使长期利率下降，有利于企业投资改善设备，提高生产率；在适度通货紧缩的状态下，经济扩张的时间可以延长而不会威胁经济的稳定；如果通货紧缩是与技术进步、效益提高相联系的，那么物价水平的下降与经济增长是可以相互促进的。

而长期的货币紧缩会抑制投资与生产，导致失业率升高及经济衰退。原因是：物价的持续下降会使生产者利润减少甚至亏损，继而减少生产或停产；物价持续下降将使债务人受损，继而影响生产和投资；物价持续下降，生产投资减少会导致失业增加，居民收入减少，加剧总需求的不足。

小贴士

如何看待通货膨胀?

1. 通货紧缩主要影响三类人：

（1）单纯靠工资挣钱的人。一旦发生通货紧缩，失业率升高、工资降低，收入降低，不知道如何应对。

（2）不喜欢存钱的人。他们在通胀时，将大量的资金从银行转移到股市、楼市、基金中，是为了跑赢CPI。但通货紧缩时，实际存款率将回归正利率，若不存钱的人投资出现损失，将无法应对。

（3）不善于使用保险的人。通货紧缩下失业率上升、固定资产贬值，不具备风险意识，就无法在高风险的环境下增加自己的保障。

2. 应对通货紧缩要有所取舍

在“现金为王”观念占上风的通货紧缩中，个人需持有现金和国债，但将钱存入银行时，最好选择短期存款。因为一旦经济复苏，利率攀升的可能性较大，所以不宜把自己套牢。

而对于股票、房产等泡沫较大的投资类及贷款类消费则应少持有。且不说股票，房产市场在此时市场危险加大，一旦泡沫破碎，所带来的后果不堪设想。但刚需消费者还是做好自己的打算，在房价回暖，又相对合理时，购房亦不失为一个好的选择。随着经济形势日益严峻，出口衰退，企业经营不景气甚至倒闭，失业或收入减少将使贷款买房买车的人面临巨大的还贷压力。

因此，面对通货紧缩，手头尽量留有尽量多可动用的现金，手上有钱，遇事不慌。

“看不见的手”：它在默默调控市场经济活动

有这么一个故事：巴比伦王国的最后一位统治者伯沙撒在宫中设宴，众人正在用食时，忽然空中显出一只手，在墙上写下三个神秘的词：弥尼、提克勒、毗勒斯。众人不解其意。先知但以理说：“你冒犯天神，为此，神放出一只手，写下这些字。意思是：‘弥尼’——你的王位已告结束；‘提克勒’——你在天平里的分量无足轻重；‘毗勒斯’——你的国度即将分裂。”

在社会经济活动中，是不是也有这样“看不见的手”掌控着一切？

“看不见的手”是1776年，英国经济学家亚当·斯密在《国富论》中提出的命题。最初的意思是：个人在经济生活中只考虑自己的利益，受“看不见的手”驱使，即通过分工和市场的作用，可以达到国家富裕的目的。后来，“看不见的手”便成为表示资本主义完全竞争模式的形象用语。这种模式的主要特征是私有制，人人为自己，都有获得市场信息的自由，可以自由竞争，无须政府干预经济活动。

从一般的角度来看，市场经济的成功简直就是一个谜。毕竟在市场经济中，大家都只关心自己的利益，但最终的事实却向我们证明，当市场经济将这些决策者的行为综合起来，竟变成了一种促进整个社会利益的潮流。正是亚当·斯密向我们揭示了维持市场经济活动秩序的秘密——有一只“看不见的手”在引导人们实现自己利益的同时，无意识地实现了公众或他人的利益。

亚当·斯密的后继者们以均衡理论的形式完成了对完全竞争市场机制的精确分析。在完全竞争条件下，生产是小规模的，一切企业由企业主经营，单独的生产者对产品的市场价格不产生影响，消费者用货币作为“选票”，决定产量和质量。价格自由地反映供求的变化，其功能一是配置稀缺资源，二是分配商品和劳务。通过“看不见的手”，企业家获得利润，工人获得由竞争的劳动力供给决定的工资，土地所有者获得地租。供给自动创造需求，储蓄与投资保持平衡。通过自由竞争，整个经济体系达到一般均衡，在处理国际经济关系时，遵循自由放任的原则，政府不对外贸进行管制。“看不见的手”反映了早期资本主义自由竞争时代的经济现实。

市场机制就是依据经济人的理性原则运行的。在市场经济体制中，消费者依据效用最大化的原则做购买的决策，生产者依据利润最大化的原则做销售决策。市场就在供给和需求之间，根据价格的自然变动，引导资源向着最有效率的方面配置。这时的市场就像一只“看不见的手”，在价格机制、供求机制和竞争机制的相互作用下，推动生产者和消费者做出各自的决策，在冥冥之中支配着每个人自觉地按照市场规律运行。

小贴士

如何看待市场经济中“看不见的手”？

1. 什么是市场经济中“看不见的手”？

“看不见的手”是指价值规律及其表现形式，即市场调节，是价值规律通过价格、供求、竞争等各种要素相互关联、相互制约的关系来发挥功能和作用，从而引导生产者对生产经营方向和规模进行调整来实现资源配置，这只“看不见的手”，在无形中对社会经济生活发挥着自动的调节作用。

2. 合理遵循“看不见的手”

自从斯密发现了“看不见的手”，全世界的物质财富迅速增长。亚当·斯密在《道德情操论》中说：“一个人追求自己的利益，往往比他在真正出于本意追求社会利益的情况下，更能有效地促进社会的利益。”

商品：还有什么物品不能用于买卖

我们每天吃、喝、穿、用、行，样样离不开商品，只要有钱，我们随时可以买到想要的各种商品。但是究竟什么是商品？

作为商品，首先必须是劳动产品。换句话说，如果不是劳动产品，就不能成为商品。比如，自然界中的空气、阳光，虽然是人类生活所必需的，但这些都不是劳动产品，所以它们不能被称为商品。

作为商品，还必须用于交换。也就是说，如果不是用来交换的，即使是劳动产品，也不能叫商品。比如在古代，传统的男耕女织式的家庭生产，种出来的粮食和织出来的布，尽管都是劳动产品，但只是供家庭成员自己使用，没有用来与他人交换，因而也不是商品。

因此，商品可以简单概述为：用于交换的劳动产品。

商品并不是从人类出现之时就有的，而是人类社会发展到一定历史阶段的产物。它的产生，必须具备以下两个条件：

一是社会分工。它是商品产生的基础。因为社会分工，才提出了交换的要求，也才有了进行交换的可能。社会分工的特征，表现为每一名劳动者只从事某种局部的、单方面的劳动，只生产某些甚至某种单一的产品，而人们的需求是多方面的，为了满足多方面的需求，生产者必然要用自己生产的产品去交换自己不生产而又需要的产品。这种商品生产和商品交换就是商品经济。

二是所有权不同。它是商品得以产生的前提。因为生产资料和劳动产品属于不同的所有者，才发生了交换行为。在私有制的条件下，产品交换的双方成为独立的利益主体，成为经济利益的对立面。这就决定了双方的交换不能是不等式，而只能是等式，即商品经济中的等价交换原则。劳动产品的交换既然是等价的商品交换，那么，生产者的生产过程就成为以直接交换为目的的商品生产过程。

总之，商品既是社会分工的产物，也是私有制的产物。

小贴士

人在商品社会中做生意的几重境界：

1. 第一重境界是既要出资又要出力，但只要能吃苦，多半能实现温饱且略有盈余，如那些靠努力赚钱，起早贪黑摆地摊，不辞劳苦跑销售的一类人。

2. 第二重境界是靠管理赚钱，比如被高薪聘请的店长和负责人，他们不用出资，只要负责一个企业的日常运转就能获利，但工作比较辛苦。

3. 第三重境界是靠眼光和思维赚钱，这类人不出资不出力，只要“卖想法”就能赚钱，工作时间少且收益高，生活安逸。

4. 第四重境界也是最高境界，是靠资源赚钱，这个层次的生意人，不出资不出力，甚至连想法都不用提供，凭借他多年的商场人脉和资源，自然有需要的人用巨额收益来换。

第二章

推开宏观之窗：不可不知的宏观经济学常识

货币：国家经济的主框架

世界上除了我们认识的常用货币，还有一些新奇的不为我们熟悉的货币形式。在太平洋的某些岛屿和若干非洲民族中，以一种贝壳——“加马里”货币来交税。再如美拉尼西亚群岛的居民普遍养狗，所以就以狗牙做货币，一颗狗牙大约可买100个椰子，而娶一位新娘，必须给她几百颗狗牙做礼金！近年来有些贪婪的骗子向美拉尼西亚运入大量狗牙，用以骗取土著居民的各种有用物资，一度造成了“通货膨胀”。

不论是我们日常生活中使用的“钱”，还是上面提到的贝壳、狗牙，它们在人类的经济活动中过生日都扮演着不可或缺的角色，我们把它们称为“货币”，它是一个国家的经济主体，国家的很多经济行为，都要通过它来实现。

按照经济学的理论，任何一种能执行交换媒介、价值尺度、延期支付标准或完全流动的财富储藏手段等功能的商品，都可被看作货币。

货币的前身就是普普通通的商品，它是在交换过程中逐渐演变成一般等价物的。货币是商品，但又不是普通商品，而是特殊商品。货币出现后，整个商品世界就分裂为两极，一极是特殊商品——货币，另一极是所有的普通商品。普通商品是以各种使用价值的形式出现的，而货币则是以价值的体化物或尺度出现的，普通商品只有通过与货币的比较，其价值才能得到体现，所有商品的价值只有通过与货币比较，相互之间才可以比较。

人类使用货币的历史产生于“物物交换”的时代。在原始社会，人们使用以物易物的方式，交换自己所需的物资，比如一只羊换一把石斧。有时候受用于交换的物资种类的限制，不得不寻找一种能够被交换双方接受的物品。比如一只羊换两把石斧、一把石斧换三两盐，在这里石斧就具备了货币的功能。

在人类早期的历史中，“贝壳”因为不易获得，充当了一般等价物，因此成为最原始的货币之一。今天的汉字如“赚”“赔”“财”等，都是“贝”字旁，就是当初贝壳作为货币流通的印迹。

经过长年的自然淘汰，在绝大多数社会里，作为货币使用的物品逐渐被金属取代。使用金属货币的好处是它的制造需要人工，无法从自然界大量获取，同时还易储存。数量稀少的金、银和冶炼困难的铜逐渐成为主要的货币金属。古代希腊、罗马和波斯的人们铸造重量、成色统一的硬币，这样，在使用货币的时候，既不需要称重量，也不需要测试成色，无疑方便得多。这些硬币上面印有国王或皇帝的头像、复杂的纹章或印玺图案，以防伪造。

随着经济的进一步发展，金属货币同样显示出使用上的不便。在大额交易中需要使用大量的金属硬币，其重量和体积都令人感到烦恼。金属货币在使用过程中还会出现磨损的问题。据不完全统计，自从人类使用黄金作为货币，已经有超过两万吨的黄金在铸币厂里，或者在人们手中、钱袋中和衣物口袋中被磨损。于是，作为金属货币象征符号的纸币出现了。世界上最早的纸币是在宋朝年间于中国四川地区出现的交子。目前世界上共有 200 多种纸币，流通于世界上 193 个独立的国家和地区，其中比较重要的纸币包括美元、欧元、人民币、日元和英镑等。作为各国货币主币的纸币，精美、多侧面地反映了该国历史文化的横断面，沟通了世界各国人民的经济往来。由于货币是价值和社会财富的一般代表，谁拥有货币，就等于拥有了价值和财富；谁拥有的货币多，就表明谁拥有的商品多。

小贴士

个人理财的两点建议：

1. 先存再花

“先存再花”的消费理念，在刚拿到收入时，就自动提出一部分转到专项账户中进行储蓄、投资。起初收入较低时，提取比例较低只有 4%，随着收入增加，提取比例可以上升到 15%。专项账户包括基金、房产、退休账户、保险等。

巴菲特曾说过：“开始存钱并及早投资，是最值得养成的好习惯。”

2. 积少成多

假设你每月的收入为 5 000 元，拿出其中的 20% 也就是 1 000 元进行储蓄，那么按年利率 3.5% 计算，存上 5 年，你的存款金额就能达到 65 000 多元。要是每月存入 2 000 元，5 年就能超过 13 万元！不过，在物价快速上涨的时代，我们需将通胀率考虑在内。正因为如此，传统的储蓄方式，如银行存款等，一般只适用于存钱的初级阶段，也就是从“无产阶级”迈向“低产阶级”的过程。当你拥有了一定的积累后，采用更灵活、收益效果更佳的投资工具才是更好的选择。

宏观调控："看得见的手"

在许多国家的实践中，我们都可以看到，市场机制这只"看不见的手"，是迄今为止人类拥有的最有效的资源配置工具。因为市场机制总能以最快的速度、最低的消耗和最简单的形式，把资源配置的信息传递给相关决策者，而相关的决策者无须通过学术判断，只要以最基本的"利己"为目的，就能做出最佳的决策。因此，只要这个经济活动能被市场调节好，政府就无须插手，否则只会适得其反。

但是市场机制和任何一种精密的仪器一样，不是完全不会出现故障的。例如，最近五年，我们看着房价上涨，连没有经济学头脑的人都看出这里面有端倪，房价高得有点离谱了。不是说市场能调控经济吗？不是说供求决定价格吗？不是说市场经济有利于社会整体发展吗？这么高的房价，仅仅是由供求关系造成的吗？

很明显，单凭市场调节这只"无形的手"已经不能均衡市场了，对此，著名的英国经济学家约翰·梅纳德·凯恩斯于 1936 年提出了"看得见的手"——国家干预的理论体系。当经济偏离正轨时，依靠政府这只"有形的手"，强行采取一些措施来改善市场。在 20 世纪末香港汇市和股市遭受重创时，香港特区政府及时出手，巧妙地避免了一次经济大动荡。

1997 年 10 月 22 日，国际股市炒家卖空港汇和港股，致使外汇市场上港币的抛售压力骤增。次日，香港股市恒生指数暴跌 1 100 点，跌幅10.4%。到10月28日，短短一周内，香港股市的损失累积竟达到1 000亿美元。这还不算结束，在1998年的1月、4月、8月，港汇、港股又遭到了同样的打击。1998年8月13日，香港股市恒生指数于6 600点的历史最低位收盘。

此时，香港特区政府开始了保卫战——香港金融管理局直接干预外汇市场，动用外汇储备买入港币以维持港币对美元的汇率不变；其次，香港特区政府动用外汇基金大量买入股票为股市托盘，使股票市场的成交量高达790亿港元，比467亿港元的历史最高纪录还高出70%；1998年8月28日，香港特区政府调高了银行间的拆借利息率，以增加国际股市炒家卖空港汇的成本。由于香港特区政府及时有效的干预，不仅香港股市没有崩盘，香港地区的市场经济体制也躲过一劫。

亚当·斯密曾经将政府的职责描述为“守夜人”。意思是如果市场运作一切正常，政府就不会也不应对市场进行干预。但是，市场不是万能的，市场通常不能解决诸如外部性（如污染）、公共产品（如路灯）以及垄断等问题，而这些问题都是导致市场失灵的原因之一。如果把失灵的市场比喻成一个可怜的孩子，政府在这个时候就必须充当一个宽容的母亲的角色。

再如，微软公司为人类技术的进步做出了贡献，但由于其市场份额越来越大，导致垄断。由于垄断阻碍了自由竞争，微软制定的垄断高价会损害消费者的利益。因此，这时候政府应该介入，对垄断进行限制，保护自由竞争。一个典型的垄断例子就是微软公司试图将其产品进行捆绑销售。由于几乎市场上出售的所有个人电脑都预装了微软公司的视窗操作系统，所以微软公司试图利用这种垄断地位来扩大其在其他市场的份额。例如，早期微软公司将网页浏览器与视窗操作系统捆绑销售，以排挤当时著名的网景公司的网景浏览器，最后微软公司在浏览器市场获得巨大份额。后来，美国联邦法庭裁定微软公司滥用其在操作系统市场的主导优势。这就是政府的宏观调控作用。

现在，我国的社会主义市场经济建设已经取得了显著成果。在这一过程中，“无形的手”和“有形的手”都起到了重要作用。通过政府调节这只“有形的手”，成功地配合市场调节这只“无形的手”，中国的经济发展取得了举世瞩目的成就，既保持了经济的快速增长，又有效抑制了通货膨胀，避免了经济发展的大起大落。中国取得的经济和社会进步成果表明，要健全现代市场体系，就必须处理好两只手的关系，在“统一”和“有序”上下足功夫，就能很好地把握“有形的手”与“无形的手”，求得稳步发展。

小贴士

我国宏观调控的手段及中小企业的应对措施：

1. 我国宏观调控的手段有很多，归纳起来主要有5个方面：

（1）规划引导：规划是指国家和地方政府各级、各部门不同层次、不同专业领域、不同规划对象所组成的规划体系，像“十五”规划就是最高级别的规划。其余规划必须以这个规划为依据来编制。

（2）政策调控：政策也是一个很大的组成体系，具体有：财政政策、货币政策、产业政策、投资政策、消费政策、流通政策、分配政策、价格政策等。

（3）法律规范：如《循环经济促进法》，就是促进再生资源利用、保护环境的法律，对宏观经济有重要的导向作用。

（4）信息导向：主要是建立国家公开经济信息系统，通过定期或不定期地发布经济运行和预测方面的信息，给全国的生产经营者提供必要的信息指导，改善经济运行的盲目性。

（5）行政干预：政府的行政干预是超经济行政强制的方式，对于市场经济体制来说，越少越好，但是很有必要。

2. 中小企业的应对措施：

由于我国宏观调控政策效应的不断凸显和市场竞争环境的不断变化，中小企业在土地、金融、税收及住房等宏观政策的影响下，其生存及发展产生了很多问题。中小企业应逆势而上，谋求发展，其发展战略有三：区域化战略、差异化战略、专业化战略。

（1）区域化战略是指企业依据自身的发展特点和发展态势立足于企业具有相对竞争优势的区域，或企业转战于市场竞争较弱的、发展机会较多的区域进行生产经营的一种企业发展战略。

（2）差异化战略是指在充分利用企业内部的有限资源，适时挖掘企业外部经营环境所蕴藏的各种机会因素的同时，面对某个特定的细分市场，开发出特定类型的企业产品，以满足特定的消费群体，最终实现企业可持续发展的一种企业发展战略。

（3）从我国市场经济的总体发展情况来看，大型企业对于中小企业来说，并没有形成不可抗衡的绝对优势。因此，我国市场经济未来的发展趋势仍然是企业数量继续增加、行业集中度不断提高、市场经济的多样化和专业化长期并存发展的趋势。

失业率：有多少人没有工作

在经济萧条的时候失业情况十分常见，失业对每个人来说，都是不愿触及的恶魔。因为失业就意味着没有收入，没有经济来源，这会让你被迫降低生活质量，甚至陷入财务困境。不仅个人怕失业，政府也怕失业。失业的人多了，就会造成社会动荡。1923—1933 年资本主义世界爆发的最大的一次经济危机，其核心问题就是失业的人太多了。这场危机差点葬送了整个资本主义社会。

失业是政府要解决的头号经济问题，失业在经济学里的含义和我们理解的意思有所不同。日常生活中，人们把没有工作称为失业。但在经济学中，失业者特指一定年龄，愿意接受现有的工资条件，但没有工作，又正在寻找工作的劳动力。要很好地理解这一概念，首先，要明白只有劳动力才有失业问题。劳动力指有劳动能力的人，包括就业的人和失业的人。残疾人、退休的人、全日制的在校学生、军人以及在家做家务的人，都不是劳动力。他们虽然没活干，但不是失业者。其次，没有工作不等于失业。失业还要满足接受现行的工资以及正在找工作这两个条件，例如你积极地在网上投简历、参加招聘会等都说明你在找工作。

之所以如此定义失业，是因为有些人虽然具有劳动能力，但就是不愿去工作，如“啃老族”或靠收房租就能生活的“房东”等，他们都属于自愿失业者。从宏观经济学的失业理论来说，政府没有必要帮助自愿失业者去找工作。

如果一个国家或地区只有几十人或几百人失业，对于整个社会也许不算什么，但如果有成千上万的人失业，政府就不能等闲视之了。一般情况下，政府是通过失业率来了解整个社会的失业情况的。

失业率是指失业人口占劳动人口的比率（一定时期全部就业人口中有工作意愿而没有工作的劳动力数字），旨在衡量闲置中的劳动产能。失业数据的月份变动可适当反映经济发展状况。

通过失业率这一指标可以判断一定时期内全部劳动人口的就业情况。一直以来，失业率被视为反映整体经济状况的一个指标，而它又是每个月最先发表的经济数据，所以失业率指标被称为所有经济指标的“皇冠上的明珠”，它是市场上最敏感的月度经济指标。

一般情况下，失业率下降，代表整体经济健康发展，利于货币升值；失业率上升，便代表经济发展放缓衰退，不利于货币升值。若将失业率配以同期的通胀指标来分析，就可知当时经济发展是否过热，是否构成加息的压力，是否需要通过减息来刺激经济的发展。

另外，失业率数字的反面是就业率数字，其中非农业就业数字是主要的部分。这个数字主要统计农业生产以外的职位变化情况，能反映制造业和服务业的发展及其增长，数字减小便表示企业降低生产率，经济步入萧条。当社会经济发展较快时，消费自然随之增加，消费性和服务性行业的职位也就增多。当非农业就业数字大幅增加时，理论上对汇率有利；反之，则不利。因此，该数据是衡量社会经济和金融的发展程度与状况的一项重要指标。

就业水平取决于国民收入水平，而国民收入水平又取决于总需求。造成失业的原因很多，因此失业的结构与变动情况是观察的重点。失业可分为：

1. 摩擦性失业

摩擦性失业指人们在寻找工作或转换工作过程中的失业现象。一般来说，增加职业训练计划与提高信息沟通（使失业者确实掌握就业机会）可降低这方面的失业。

2. 结构性失业

结构性失业指市场竞争的结果或是生产技术改变而造成的失业。如传统工业的工人下岗，而新兴行业却又人才紧缺的现象。结构性失业常表示人员需要再训练或是迁移才能找到工作。

3. 技术性失业

技术性失业指由于使用新机器设备和材料，采用新的生产技术和新的生产管理方式，出现局部劳动力过剩而导致的失业。

4. 季节性失业

季节性失业指由于某些行业自身淡旺季的特点，使生产对劳动力的需求出现季节性的波动而形成的失业。例如，雪糕厂在销售淡季裁减员工，因此而造成的失业者就是季节性失业。季节性失业人员应该注意信息变化，以灵活的形式临时就业。

5. 周期性失业

周期性失业是由于总需求不足而引起的周期失业，一般出现在经济周期的萧条阶段。

失业是普遍存在的现象，不管在哪个国家，都有失业者。一般来说，人们都不愿失业，都认为失业是一种不好的现象。但不少西方经济学家认为，合理的失业率及其失业现象的存在，是促进社会发展所必需的条件之一。

小贴士

面对择业，如何调整心态：

1. 转变就业观念。改变“一次择业，终身就业”的观念，不要“高不成低不就”，不要总盯着“高职高薪”，不愿面向基层，要树立“先就业，后择业，再创业”的新观念，凡事从基层做起，眼光放长远。

2. 给自己合理定位。面对市场竞争，要正确看待自己的专业、能力，合理定位，既不能定位过高，超越现实，也不能定位过低，错失机会。把握市场需求，及时做出适当调整。

3. 信心比什么都重要。困难是暂时的，前景是光明的，要有坚定的勇气和信心，办法总比困难多。天生我材必有用，要有一种顽强拼搏的精神和较强的心理承受能力。要勇往直前，敢于迎接挑战，勇于战胜自己。

经济周期：为什么经济会波动

美国经济学家韦斯利·C. 米契尔和阿瑟·伯恩斯给经济周期下了这样一个定义：经济周期是以商业为主的国家总体经济活动的一种波动：一个周期包括同一时间内许多经济活动中发生的扩张，继之以同样普遍的衰退、收缩，以及引起转入下一个周期扩张阶段的复苏；这种变化的顺序重复出现但没有周期性；经济周期的时间从1年多到10年、12年不等；这些周期不能再分为与它们本身特点相似的、更短的周期。经济活动的繁荣与萧条交替出现的周期性波动，会通过国民生产总值、工业生产指数、就业人数、物价水平等综合性经济指标表现出来。

每一个经济周期都可以分为上升和下降两个阶段。上升阶段也称为繁荣，最高点称为顶峰。然而，顶峰也是经济由盛转衰的转折点，此后经济就进入下降阶段，即衰退。衰退严重则经济进入萧条状态，衰退的最低点称为谷底。当然，谷底也是经济由衰转盛的一个转折点，此后经济进入上升阶段。经济从一个顶峰到另一个顶峰，或者从一个谷底到另一个谷底，就是一次完整的经济周期。

现代经济学关于经济周期的定义，建立在经济增长率变化的基础上，指的是增长率上升和下降的交替过程，比如GDP增长率由6%上升到10%，或者由9%下降为4%。根据这种定义，衰退不一定表现为国内生产总值绝对量的下降，只要其增长率下降，即使其数值不是负数，也可以称为衰退。

应当看到，经济周期只是一种现象的描述，更重要的是寻找导致经济周期性波动的原因，以提出相应的对策，减缓经济波动的幅度。为此，经济学家提出的经济周期理论有几十种。对于经济周期产生的原因，有人认为是自然力量，有人认为是心理因素，还有人将其归结于货币银行体系的运转，也有人强调人口增长、资本存量、技术创新、经济组织的重要性。20 世纪 80 年代之后，一些西方经济学家提出的实际经济周期理论，受到了经济学界的普遍重视。

实际经济周期理论认为，经济波动主要是由外生的实际因素引起的，包括科学技术的突然变化、生产力的变化以及消费者偏好的改变、自然灾害、石油价格的变化等。以技术进步为例，因其具有不确定性，既有发生突破性进展的时期，也有进步缓慢甚至停滞不前的积累时期。例如，人们当初不能准确预测电脑何时被发明出来，互联网何时得以普遍应用。技术进步的不稳定性，使得 GDP 的增长速度也不稳定，从而形成经济的周期性波动。

经济周期的概念，容易给人们一个错觉，以为周期应该可以预测。事实上不管哪种理论，都只是对经济波动的一种解释，而影响经济波动的因素是复杂的。影响经济波动的因素每次都不同，因而经济波动是无规律的，几乎不能被预测。否则，我们就能消灭衰退，实现经济长期稳定的增长。应当清楚，我们所知道的所有经济周期，都是过去时，对于将来的经济走势，只能在现有的有限条件下进行推断。而由于不同的学者使用的理论工具不同，侧重的条件不同，得出的结论自然也会不同。

在现实中，人们普遍认为经济波动具有破坏作用，而忽略了它的积极影响。其实在市场经济中，经济波动往往会推动公司改革，加快技术改造，提高管理效率。一些颇具价值的创新活动，都是在经济不景气、生产过剩的时候完成的，并为企业拓展市场积累了资本，带来了好运。正所谓“祸兮福之所倚”，我们应该以平常心看待经济周期的波动。

小贴士

平常心看待经济周期，运用经济周期布局投资：

把握经济周期的规律，有计划地投资。在股市中，用经济周期的规律来寻找股市长期投资的机会不失为一个好方法。要注意的是：耐心的投资者是最好的投资者。当资金充裕时，不要马上投入市场，而是要保持清醒，先看看目前市场正处在经济周期的哪个阶段，然后再开始选股。通常，最好的时机是衰退期的后期和复苏期的前期，其次是复苏期和通胀期的前期。由于股市走势要比经济周期超前一些，所以通胀期的后期应开始抛售股票而不是买股票。

财政政策和货币政策：国家调控宏观经济的左右手

历史证明，国家不能对经济运行采取放任自流的态度，必须进行适当的干预，才能促进经济持续、稳定、健康地发展。那么，国家怎样才能担负起这个重任呢？综观西方经济学的主要理论，国家所能依赖的，只有经济政策工具。而财政政策和货币政策是两种最主要的武器，可以说是国家调控经济的左右手。政府通过公开支出和税收的变化，扩大或收缩社会的需求与供给，使经济沿着正常的轨道运行；而中央银行则通过调节社会中货币供应量的多少和利息率的高低来影响投资和消费，使总需求和总供给趋于平衡。国家就是这样实现对经济的宏观调控。

财政政策是指国家根据一定时期政治、经济、社会发展的任务而规定的财政工作的指导原则，通过财政支出与税收政策来调节总需求。其方法主要有二：一是政府支出，二是税收。财政政策就是通过这两方面的变动来影响总需求：增加政府支出，可以刺激总需求，从而增加国民收入，反之则压抑总需求，减少国民收入；税收对国民收入是一种收缩性力量，增加政府税收，可以抑制总需求从而减少国民收入，反之，则刺激总需求从而增加国民收入。

早期的资本主义国家，一般都实行简政轻税、预算平衡的财政政策，以利于自由资本主义的发展。国家垄断资本主义时期，生产社会化与资本主义私有制的矛盾日益激化，政府的经济职能逐渐增强，财政政策不仅能为实现国家的政治职能服务，而且成为政府干预和调节社会经济生活的重要工具。不同时期，采用不同的财政政策，根据经济建设的任务和世界经济环境的变化，在不同时期，我们国家也采取了相应的财政政策。

1993 年到 1997 年，为了应对经济过热和通货膨胀，我国实施适度从紧的财政政策，成功实现“软着陆”；

1998 年，受亚洲金融危机的影响，我国实施积极的财政政策，不仅抵御了危机，而且推动了经济增长；

2004 年以来，总体经济快速发展，但部分行业和地区投资增长过快，通胀压力加大，我国自 2005 年起由积极的财政政策转向稳健的财政政策，“有保有压”，从而促进经济协调发展；

2008 年年末，为了应对金融危机，保持经济平衡发展，我国又转向了积极的财政政策。

除了财政政策，货币政策是另一只宏观调控的“大手”。货币政策是指一个国家或经济体的货币权威机构（如我国的央行）利用控制货币，来达到影响其他经济活动所采取的措施，尤指控制货币供给以及调控利率的各项措施。

2008 年前后的几年，由于房地产市场过热，房价大幅上涨，再加上股市的大幅飙升，政府认为经济过热、流动性过剩，并造成了通货膨胀，为了紧缩房地产市场、抑制通货膨胀，央行采取紧缩性的货币政策，多次提高银行利率和银行存款准备金率。

由此可见，国家的货币政策就像一只“大手”，不断地校正着国家经济的方向，对经济产生重大的影响。因此，我们很有必要对货币政策做深入的了解。

现行的货币政策通常依赖于利率（借钱的价格）和货币供给之间的

关系来作为控制手段。某些货币政策看起来相互矛盾，紧缩政策减少货币供给或是升高利率，扩张政策增加货币供给或者降低利率。货币政策一般被描述为：激进的——利率被调节为促进经济增长，中性的——保持稳定，从紧的——控制通货膨胀却可能提高失业率。

紧缩性货币政策通过削减货币供应的增长率来降低总需求水平。在这种政策下，取得信贷较为困难，利息率也会随之提高。因此，在通货膨胀比较严重时，采用紧缩性货币政策较为合适。

扩张性货币政策通过提高货币供应增长速度来刺激总需求。在这种政策下，取得信贷更为容易，利息率也会降低。因此，当总需求与经济的生产能力相比很低时，采取扩张性货币政策最合适。

运用货币政策所采取的主要措施包括 7 个方面：

1. 控制货币发行

2. 控制和调节对政府的贷款

3. 推行公开市场业务

4. 改变存款准备金率

5. 调整再贴现率

6. 选择性信用管制

7. 直接信用管制

作为国家宏观调控的两大手段，财政政策、货币政策这两大政策首先是有内在联系的，同时，这两种政策调控、调节的侧重点是不完全一样的。

一般来讲，首先，货币政策可能更多地侧重于总量的调节，而财政政策可能更侧重于结构性的调节。

其次，财政政策对收入分配的调节作用比较突出，而货币政策保持币值稳定的作用更突出。

最后，财政政策在治理通货紧缩时作用更突出，而货币政策在治理通货膨胀时作用更突出。

小贴士

财政政策和货币政策的关系：

1. 财政政策、货币政策的比较

相同处：两者都是调节总需求，调节国民收入达到宏观经济发展的目标。

不同处：财政政策侧重于结构性调节，对收入分配的调节、治理通货紧缩作用突出；货币政策侧重于总量调节，对保持币值稳定、治理通货膨胀作用突出。

2. 财政政策和货币政策的互动

两大政策相互配合，可取得最好的调控效果。在经济过热，发生严重通货膨胀时，可施行双紧措施，即紧缩性财政政策和货币政策配合使用，目的在于有效地收缩总需求；在经济萧条时，采用双松搭配，有效地刺激总需求；还有一种是一松一紧搭配，即紧缩性财政政策与扩张性货币政策搭配，扩张性财政政策与紧缩性货币政策搭配。

我国目前为扩大内需而实施积极的财政政策和适度宽松的货币政策，实际上就是两种政策的双松搭配。

利率：政府干预经济的杠杆

在人们的传统观念中，向银行贷款比较难，而向银行还款非常容易。但是，现在却出现了这样的情况，贷款容易，还款难。东方热线网站上曾有这样一则报道：

2011 年 11 月，李女士通过公积金和商贷组合贷款在武昌傅家坡附近买下一套住房，其中商贷部分 22 万元，贷款年限 30 年，贷款利率为基准利率上浮 10%。“还款明细上写明，商贷部分月还款额为 1 500 多元，其中前三年的月偿还本金均不足 200 元，绝大部分是还利息。”李女士说，为减少利息支出，自己2012年后筹了10万元闲钱，打算提前偿还一部分商贷，可当时办理贷款的客户经理却说，按照贷款合同规定，借款人半年内不得提前还款，否则要按偿还金额的 1% 交纳违约金。

李女士对此十分不解，为什么提前还贷还不受欢迎呢？

其实，这样的事近年来屡见不鲜，“还贷难”主要牵扯到的是国家利率问题。利率又称利息率，是一定时期内利息量与本金的比率，通常用百分比表示，按年计算则称为年利率。其计算公式是：利息率 = 利息量 ÷ 本金 ×100%。

利率是经济学中一个重要的金融变量，几乎所有的金融现象、金融资产均与利率有着或多或少的联系。现在，几乎所有国家都把利率作为宏观经济调控的重要工具之一。当经济过热、通货膨胀上升时，便提高利率、收紧信贷；当过热的经济和通货膨胀得到控制时，便会把利率适当地调低。因此，利率政策在中央银行货币政策中的作用越来越重要。

上例中出现的“贷款易，还贷难”的问题，有着深刻的经济背景。自 2007 年之后，我国的通货膨胀问题严峻，为了遏制膨胀，抑制经济过热，国家多次提高利率。对于贷款买房的消费者来说，无形中加重了利息负担。为了不多掏钱，人们就会选择提前还贷。但对于银行来说，利率提高是好事，可以多收利息，但这时候消费者却提前还贷，银行当然不愿意了，出现推三阻四的情况也就不稀奇了。

利率是调节货币政策的重要工具，也可以用来控制投资、通货膨胀、失业率等，继而影响经济增长。作为市场经济中最重要的变量之一，利率的变化对人们的经济生活影响非常大。因此，我们就有必要对利率做进一步的了解。利率到底会受哪些因素的影响，或者说，哪些因素会导致利率的变化？通常情况下，影响利率的因素大致有四种：

1. 货币政策

政府制定货币政策的目的是促进经济稳定增长。控制货币供给和信贷规模，可以影响利率，进而调节经济增长。扩大货币供给，会导致利率下降；反之，则造成利率上升。

2. 财政政策

一个国家的财政政策对利率有较大的影响，通常，当财政支出大于财政收入时，政府会在公开市场上借贷，以此来弥补财政收入的不足，这将导致利率上升。而扩张性的经济政策，往往会扩大对信贷的需求，投资的进一步加热又会导致利率下降。

3. 通货膨胀

通货膨胀是指在信用货币条件下，国家发行过多的货币，过多的货币购买过少的商品，造成物价普遍上涨的一种现象。通货膨胀的成因比较复杂，因此，通货膨胀使得利率和资币供给之间的关系相对复杂。如果货币供给量的大幅增长不是通货膨胀引起的，那么利率可能不仅不下降，反而会上升，造成高利率现象，以弥补货币贬值带来的损失。因此，利率水平会随着通货膨胀率的上升而上升，下降而下降。

4. 企业需求和家庭需求

企业对于信贷的需求往往成为信贷利率变化的“晴雨表”，每当经济步入复苏和高涨阶段，企业对信贷的需求增加，利率水平开始上扬和高涨；而经济发展停滞时，企业对信贷的需求也随之减少，于是利率水平转趋下跌。家庭对信贷的需求也会影响利率的变化，当需求增加时，利率会上升；当需求减弱时，利率便下跌。

小贴士

利率变化后，教你如何调整理财策略：

1. 加息后如何理财

利率增加，无疑会提高银行存款市场的吸引力。

贷款：要看你与银行签订的合同条款，如遇利率调整，银行是从次月还是次年开始调整你的计息利率。房贷一般是从次年才开始执行新的利率，所以不必急于还贷。在加息周期中，固定利率房贷将是不错的选择。

债券：中长期债券对利率的变化较为敏感，当利率调高时你需减持中长期债券。超短债券会是你不错的选择。

股市：加息会挤压股市中存在的泡沫，有利于股市长期发展，可能会使股市上涨的幅度变小一点，不会再像以前那样大幅度上涨，但不会改变股市大的趋势。加息或许会成为房价下降的一个拐点。

2. 降息后如何打理手中的资金

投资中长期产品提前锁定收益　投资者应该在各类产品收益率继续下滑前，通过中长期产品锁定目前的较高收益，但也应兼顾资金的收益和流动性，预留部分资金购买短期理财产品。

保障型保险产品将受益　降息后，投资型保单的吸引力下降，保障型保单的吸引力上升，传统型和分红险的销售会回升，特别是具有固定收益的年金产品可能会引起投保人的关注。相反地，投连和万能险甚至分红险的销售将会受到影响。

提升债券型、货币型基金配置　降息时代，传统的银行理财产品收益会下降，但是银行利率与债券收益会呈反向关系。因此，降息时代，可以多买进国债等债券类的投资产品。当然，没有一种投资渠道是无风险的，在投资理财之前应该先了解风险管控方面的知识，以取得最大的收益。

菲利普斯曲线：失业与通货膨胀的关系

在今天，对于老百姓的生活而言，有两件事恐怕是最值得关心的。一是物价会有什么变化，其中人们最关心的是物价是不是上涨了；二是孩子毕业了，能不能找到一个好工作，其中最怕的就是失业。以经济学的眼光看这两个问题，第一个与通货膨胀有着一定的关系，而第二个则属于失业范畴。其实，在经济学上，通货膨胀和失业这两个问题之间，有着密切的关系。而最先对此做出研究的，是英国经济学家威廉·菲利普斯，他于1958年在《1861—1957年英国失业和货币工资变动率之间的关系》一文中最先提出了著名的"菲利普斯曲线"（如下图所示）。

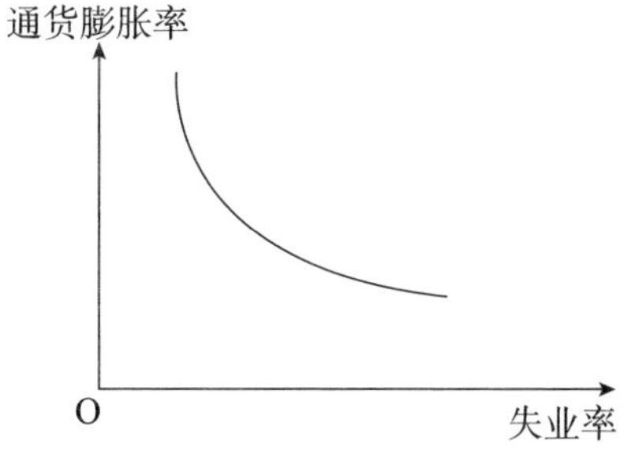

菲利普斯曲线

菲利普斯曲线是用来表示失业与通货膨胀之间交替关系的曲线。它表明失业与通货膨胀之间存在一种交替关系，一般来说，通货膨胀率高时，失业率低；相反，通货膨胀率低时，失业率高。最初，菲利普斯曲线表示失业率与货币工资率之间的交替关系，后来，经济学家对此进行了大量的理论解释，尤其是萨缪尔森和索洛将原来的菲利普斯曲线发展成为用来表示失业率与通货膨胀率之间交替关系的曲线，使菲利普斯曲线获得了广泛的应用。

在今天，失业是各个国家必须面对的普遍存在的社会现象，会对国家政治产生极大的影响。尤其是在西方国家，在讨论民众生活的好坏时，有一个“痛苦指数”的概念，即通货膨胀率加上失业率。痛苦指数越高，就意味着经济越困难，人民生活越痛苦。如果与痛苦指数有关的两项指标都上升，则被称为“最坏的痛苦指数”。就美国的历史来看，严重的失业问题和通货膨胀问题，曾经使许多风云人物惜别政坛。比如美国在1976年，痛苦指数为13.5%，这直接导致当时的总统福特在竞选连任中惨遭失败；1980年，痛苦指数为19.4%，使卡特在竞选连任中失败；1984年，痛苦指数约为10%，其中通货膨胀指数约为3%，失业率约为7%，痛苦指数处于一个相对轻松的状态，结果里根在竞选连任中安全获胜。为此，甚至有“里根经济学”一说，即指里根在大选年中，采用限制通货膨胀、使失业率有所下降的政策。虽然在经济学家看来，其长期效果尚待考察，但由于在大选年里，痛苦指数保持在了最佳状态，有效地为里根赢得了广大选民的好感，最终赢得了总统竞选。

正是由于通货膨胀率和失业率对于经济和政治都有很强的影响力，经济学家历来都很重视对其的研究。随着研究的深入，菲利普斯曲线也产生了三种表达方式，但其原理基本上是一致的。

第一种是在1958年由菲利普斯本人提出的。当时，他的曲线表明的是失业率与货币工资变化率之间的关系，可称之为“失业—工资”菲利普斯曲线。其表现形式为：在以失业率为横轴、货币工资变化率为纵轴的坐标图上，由右下方向左上方倾斜的、具有负斜率的一条曲线。该曲线表明：当失业率上升时，货币工资变化率会下降；当失业率下降时，货币工资变化率会上升。也就是说，在一轮短期的经济周期里，在经济呈现上升趋势时，失业率下降，货币工资变化率上升；反之，在经济呈现下降趋势时，失业率上升，货币工资变化率下降。

第二种菲利普斯曲线表明的是失业率与物价上涨率之间的关系，可称之为“失业—物价”菲利普斯曲线，这也是如今最为常用的一种曲线，由美国经济学家萨缪尔森和索洛于 1960 年提出。他们以物价上涨率代替了原菲利普斯曲线中的货币工资变化率。该曲线表明：在一轮短期的经济周期里，当经济呈现上升趋势时，失业率下降，物价上涨率上升；当经济呈现下降时，失业率上升，物价上涨率下降。

除此之外，还有第三种菲利普斯曲线，表明的是经济增长率与物价上涨率之间的关系，可称之为“产出—物价”菲利普斯曲线。

这三种菲利普斯曲线，分别表明了失业率与货币工资变化率之间的反向对应关系、失业率与物价上涨率之间的反向对应关系、经济增长率与物价上涨率之间的同向对应关系。三种菲利普斯曲线对社会经济有着重要的指导作用，特别是对于政府而言，由于失业率和通货膨胀率之间存在着交替关系，因此可以运用扩张性的宏观经济政策，用较高的通货膨胀率来获得较低的失业率，也可以运用紧缩性的宏观经济政策，以较高的失业率来获得较低的通货膨胀率。这样就为宏观经济政策的选择提供了理论依据和重要参考。而对于普通人而言，也可以借助菲利普斯曲线，对现实生活中的通货膨胀现象和失业现象有一个简单的了解。

小贴士

面对失业的态度及失业后求职的注意事项：

1. 如何面对失业？

（1）失业并不可怕，可怕的是不敢面对现实；

（2）不管做什么，应把自己该做的事情做好；

（3）不要以工作的单位大小论前途，无论在哪儿都应把工作的单位作为学习基地，学习知识和本领；

（4）对于一个想有成就的人，不应仅关注本专业，而应扩大视野，广交朋友，为日后的发展做准备；

（5）作为一个打工的人，如果只为了挣得老板发的那点工资，永远也不能改变为人打工的命运，如果想当老板，就要时刻关注老板是如何赚钱的，不仅要了解老板赚钱的设备、工序、原理、方法，还要了解赚钱的手段和渠道。

2. 求职时的注意事项：

（1）备齐钱和证件，提前准备好简历，多复印几份；

（2）要到有把握的地方求职，既要努力求职成功，也要做好不成功的准备；

（3）求职前应充分准备相关知识和技能，以备应聘；

（4）要对应聘的单位和职位十分了解，尽量选择能做得好且喜欢做的工作；

（5）对于一个想长期经营的企业来说，老板最不欢迎的就是频繁换工作的人，因为一个经常换工作的人，不仅心思浮躁而且也学不到多少知识和技能；

（6）作为一个求职者，想得最多的不应是收入多少，而是在单位能学到什么，可以为公司带来多大的收益。

第三章

重新审视自己的生活：不可不知的日常生活经济学常识

恩格尔系数：衡量民众生活水平的通用指标

从前，我们见到熟人都爱问一句“吃了吗”，可见“吃”在那时人们的生活中占有非常重要的地位。如今人们这样打招呼渐渐少了，大概是因为“吃”对于当下的国人来说已经不是最重要的事情了，我们有更多的钱用于教育、健身、旅游、娱乐等更有趣的事情。来看一个普通人的家庭消费结构就会明白。

> 李哲自己开了一家公司，每月可获得利润 8 000 元。他的妻子正在攻读博士学位，有时在家做兼职赚点自己的书本费，由于时间关系，没有固定收入。他们有一个儿子，正在附近的一所幼儿园上学。每个月下来，家庭总收入为 8 000 元。
>
> 他们一家每个月的开销有：住房是结婚时双方父母共同资助买的，因此没有住房支出；饮食支出大约 1 000 元；其他支出，如娱乐、健身、美容、服装等，一共花销 2 600 元；用于孩子身上的开销，如玩具、书本、学费等，大约是 1 400 元。

李哲家每月开销为 5 000 元。其中，饮食支出 1 000 元，仅占所有消费开支的 20%。而其他支出，如教育、健身、娱乐等所占份额较大。由此可见，李哲一家的生活水平较高。所以，食品支出在家庭收入中所占的份额从一个角度反映了生活水平的高低。经济学家很早就研究了这个现象，上面提到的食品占总消费的比例就是恩格尔系数。

恩格尔系数，即食品支出总额占个人消费支出总额的比重。

恩格尔系数（%）= 食品支出总额 ÷ 家庭或个人消费支出总额 × 100%

恩格尔系数是德国经济学家恩格尔提出的衡量居民生活水平的计算方法。这个方法表明，随着居民收入的增加，耗费在食品上的支出比例就会减少。耗费在食品上的支出越少、数值越小，生活富裕程度就越高。这个系数的数值越小，表明在食品上的支出越少，生活水平越高。根据联合国粮农组织提出的标准，恩格尔系数超过 59% 为贫困，50%—59% 为温饱，40%—50% 为小康，30%—40% 为富裕，低于 30% 为最富裕。

恩格尔系数一经提出，就获得了西方经济学界的广泛接受，认为它具有普遍的适用性。在我国，恩格尔系数也较早就被应用在统计工作中。计算恩格尔系数一般采用各地的城乡住户调查资料。2018 年 3 月公布的数据显示：2017 年全国居民恩格尔系数为 29.3%，这是中国恩格尔系数首次处在低于 30% 的水平。2019 年 1 月，国家统计局发布年度经济数据，全年全国居民恩格尔系数为 28.4%，比上年下降 0.9 个百分点。

但是，有一个需要注意的地方，恩格尔系数有时并不能如实反映人们生活的富裕程度。在生活中，这样的例子时有发生。根据定义，恩格尔系数达 59% 以上为贫困，50%—59% 为温饱，40%—50% 为小康，30%—40% 为富裕，低于 30% 为最富裕。那么，我们是否可以据此说，全国居民的恩格尔系数已经低于 30% 了，这意味着全国居民已经进入“最富裕”水平？

尽管恩格尔系数在经济领域占据着重要的地位，也能够比较客观地反映出一个国家被统计人群的生活状况，在欧美国家其统计成功的例子有许多，但在北京的大街小巷进行一项随机调查，估计不会有哪个北京人说：“我现在过的日子很富裕。”是的，从目前来看，北京人的生活水平还未达到“最富裕”水平。这主要是因为，更多的人将钱存在银行里，为孩子的教育金、自己的养老金做准备。

事实上，恩格尔系数这个衡量指标不是万能的，它有时会出现失灵的情况。例如在我国贫穷地区，人们长期以来形成了“勒紧腰带过日子”的习惯。恩格尔系数较低，但人们的生活水平并没有提高。众所周知，在家庭收入不增加或增加十分有限时，家庭总支出规模基本不变，但由于学费、电费、水费、医药费、燃气费等刚性支出的急剧增加，一个现实的选择就是压缩食品支出。这种情况在中国特别是西部落后地区尤其普遍，为了应付急速增长的学费、药费和房费等刚性开支，“省吃俭用”成为中国人通常的选择，与其说这是中国人的一种美德，不如说是一种无奈。正是这种无奈，直接导致收入与恩格尔系数“双低”现象的产生。此外，不同地区的消费习惯也会影响恩格尔系数。“穿在上海，吃在广东”，是对上海和广东两地消费习惯的高度概括。广东的恩格尔系数较高，与长期形成的饮食消费习惯不无关系。恩格尔系数恰恰忽略了消费习惯的差异。

因此，在我国运用这一标准进行国际和城乡对比时，要考虑到那些不可比因素，如消费品价格比价不同、居民生活习惯的差异以及由于社会经济制度不同产生的特殊因素，在分析和比较时做相应的剔除。当用恩格尔系数来考量自己的生活水平时，也要考虑剔除一些干扰因素。

小贴士

正确看待恩格尔系数：

1. 在现代社会，生存不仅仅意味着有饭可吃，医疗、教育、住房，同样是必要的生存条件，只看食品支出会掩盖许多问题。除了食品支出之外的家庭主要支出，只有在大量用于购买家庭设备、服务和娱乐消费时，才算是真正的富裕。

2. 西方发达国家现在已经建立起相对完善的社会保障体系，因此恩格尔系数能够比较真实地反映居民的生活质量。恩格尔系数在中国是否适用，学术界一直存在争议。尽管如此，从总体来看，中国城镇居民生活水平的变化还是符合恩格尔定律的。

棘轮效应：由俭入奢易，由奢入俭难

商纣王登位之初，天下人都期待在这位国君的治理下，商朝的江山能坚如磐石。

有一天，纣王命人用象牙做了一双筷子，十分高兴地使用这双象牙筷子用餐。他的叔父箕子见了，劝他收藏起来，而纣王却满不在乎，满朝文武大臣也不以为意，认为这本就是一件很平常的小事。

箕子为此忧心忡忡，有大臣问他原因，箕子回答说："纣王用象牙做筷子，必定不会再用土制的瓦罐盛汤装饭，肯定要改用犀牛角做成的杯子和美玉制成的饭碗；有了象牙筷、犀牛角杯和美玉碗，难道还会用它来吃粗茶淡饭和豆子煮的汤吗？大王的餐桌从此顿顿都要摆上美酒佳肴；吃的是美酒佳肴，穿的自然要绫罗绸缎，住的就要富丽堂皇，还要大兴土木筑起亭台楼阁以便取乐了。这样的后果让我不寒而栗。"

仅仅 5 年的时间，箕子的预言就应验了，商纣王肆意骄奢，断送了商汤的江山。

在上面的故事中，箕子对纣王使用象牙筷子的评价，和现代经济学中的一种消费效应——棘轮效应是同样的道理。所谓棘轮效应，又称制轮作用，是指人的消费习惯形成之后有不可逆性，即易于向上调整，而难于向下调整，尤其在短期内消费习惯是不可逆的，就像有棘爪防止倒转的棘轮一样。

这一效应是由经济学家杜森贝提出的，适用于人们的消费行为领域。实际上棘轮效应可以用宋代政治家和文学家司马光的一句话来概括：“由俭入奢易，由奢入俭难。”这句话出自他写给儿子司马康的一封家书《训俭示康》，除了“由俭入奢易，由奢入俭难”，他还说：“俭，德之共也；侈，恶之大也。”司马光秉承清白家风，不喜奢侈浪费，倡导俭朴为美，他写此家书的目的是告诫儿子不可沾染纨绔之气，应保持俭朴清廉的家庭传统。

棘轮效应说明习惯效应使消费者的消费取决于相对收入，即相对于自己过去高峰收入时的消费水平。其特点是消费者会随着收入提高而增加消费额，却不会随着收入的降低而减少消费额，这就造成消费者在有钱的时候能满足自己的需要，而当收入缩减的时候，会因为这种高额消费而导致经济困难。

以公司高管为例，公司高管一般都有比较好的生活环境和较高的消费水平，试想假如某一天，他由于某种原因失去了这份工作，但他还保持着之前高收入时期的消费习惯，那么必然会对正常生活产生影响，甚至导致以后生活窘迫，这也是人产生棘轮效应之后会出现的情况。

人居于社会，棘轮效应不仅对个人有巨大的坏处，对社会也有不小的危害。众所周知，资源是社会发展所不可缺少的，资源的稀缺性决定了不能放任棘轮效应任意发挥作用，无限制地利用资源来满足人类无尽的欲望。

人生而有欲——“饥而欲食，寒而欲暖”——棘轮效应正是出于人的这种本性。虽然适度节制的欲望是促进社会发展的有力动因，但无数教训告诉我们奢侈浪费的危害是巨大的。因此，从个人的角度来说，我们对于欲望既不能禁止，也不能放纵，对于过度的甚至贪得无厌的奢求，必须加以节制。如果不对自己的欲望加以限制，过度地放纵奢侈，没能培养简朴的生活习惯，就会出现“君子多欲，则贪慕富贵，枉道速祸；小人多欲，则多求妄用，败家丧身。是以居官必贿，居乡必盗”的情况。

小贴士

新节俭主义下的“酷抠”之道：

1. 做“酷抠族”，不做守财奴

当今社会，生存压力越来越大，工作不那么好找，钱不那么好赚，在收入不太可能提高的情况下，节俭便应运而生。节俭是一种理智的生活方式，也是一种成熟的生活方式。“酷抠族”是用尽量少的钱获得尽量多的享受，满足尽量多的需求，是对过度奢侈、烦琐的摒弃，是一种强调简洁、追求自然的生活。其本身的意义是把一切多余的东西剔除，只留下最精华的部分。

2. “酷抠族”的“酷抠生活”

“酷抠族”往往会“一分钱掰成两半花”。比如不打车，不下馆子不剩饭，家务坚持自己干，上班记得爬楼梯，美容就是早睡早起外加白开水 8 杯，宴客都在家里……其实，“酷抠族”不是贫困族，也不是守财奴，精打细算只是为了通过转移消费重点，更好地配置金钱。

一般“酷抠族”都有比较体面的工作和不菲的收入；喜欢高质量、优雅的生活，具有很好的审美眼光和高雅的生活品味。传统的节俭观念和现代时尚思维的结合，使他们生活得如鱼得水。他们懂得该奢侈时奢侈，该节俭时节俭。

不过，“抠”也要把握好尺度，不要为了攒钱一味压抑需求。如今社会消费还是要量力而行，无论有钱还是没钱，健康消费才是关键。

购买力平价：你的钱在其他国家能买到什么

货币购买力指一定单位的货币所能购买的商品或服务。简单地说，购买力平价就是两种（或多种）货币对于一定数量的商品和服务的购买力之比，即两种货币在购买相同数量和质量的商品时的价格比。例如，购买同等数量和质量的商品，在中国用了 80 元人民币，在美国用了 20 美元，对这些商品来说，人民币对美元的购买力平价是 4：1。也就是说，4 元人民币的购买力等于 1 美元的购买力。

作为一个经济学名词，购买力平价是一种根据各国不同的价格水平计算出来的货币之间的等值系数，使我们能够对各国的国内生产总值进行合理比较。最早测量购买力平价的一个例子就是“巨无霸指数”。

1986 年 9 月，英国著名杂志《经济学人》推出了有趣的“巨无霸指数”。巨无霸指数是一个非正式的经济指数，用于测量两种货币的汇率在理论上是否合理。假设麦当劳的一个巨无霸汉堡在美国的价格是 4 美元，而在英国是 3 英镑，那么经济学家认为美元与英镑的购买力平价汇率就是 3 英镑等于 4 美元。而如果在美国一个麦当劳巨无霸的价格是 2.54 美元，在英国是 1.99 英镑，在欧元区是 2.54 欧元，而在中国是 9.9 元，那么经济学家根据汇率推断，人民币是世界上币值被低估最多的货币。因为根据一价定律，相同的商品在全世界都应当有相同的价格。如果巨无霸指数大于 1，则说明在这个国家麦当劳的价格较美国低，反之则比美国高。从汇率的角度来看，就是这个国家货币的汇率被低估，或者美元汇率被高估。

同样的产品在世界各地的货币标价相差很大，而且与官方的汇率换算完全不符，因此在一些西方经济学家眼中，麦当劳的巨无霸已经成为评估一种货币真实价值的指数。从 1986 年开始，《经济学人》每年都要公布一次新的“巨无霸指数”，这个指数由此风靡全球。对于用麦当劳巨无霸来测量各个国家的货币购买力，经济学家对它的科学性是有争议的，因为这种测量方法假定购买力平价理论成立，而购买力平价理论是否成立尚无统一定论。

购买力平价是指两种货币之间的汇率取决于它们单位货币购买力之间的比例。一般来讲，这个指标要根据相对于经济的重要性考察许多商品才能得出。但是，由购买力平价理论得出的理论汇率与实际汇率往往有很大的差距。根据一价定律，相同的商品在全世界都应当有相同的价格，因此购买力平价理论指出，在对外贸易平衡的情况下，两国之间的汇率将会趋向于靠拢购买力平价。

购买力平价理论的拥护者认为，用现行的货币汇率来比较各国人民的生活水平会产生误导。比如，墨西哥比索相对于美元贬值一半，那么以美元为单位的国内生产总值也将减半。可是，这并不表明墨西哥人变穷了。如果以比索为单位的收入和价格水平保持不变，而且进口货物对墨西哥人的生活水平并不重要（因为这样进口货物的价格将会翻番），那么货币贬值并不会导致墨西哥人生活质量恶化。如果采用购买力平价，就可以避免这个问题。

而购买力平价理论的反对者则认为，假定所有国家商品的价格相等是错误的，那么不同国家的人对于同一种商品的估价是不同的。例如一种在甲国是奢侈品的商品，在另一个国家可能只是一般日用品。而购买力平价理论没有考虑到这种情况。汇率表示你的本国货币在另一个国家的购买力，而购买力平价汇率跟你能在另一国买到多少东西无关。而且购买力平价在统计学上具有欺骗性，例如可以通过精心选择所用的商品获得对某国有利或者不利的结果。

越是收入水平低的发展中国家，其本国汇率越是低于购买力平价。这是因为，即使“一物一价”的法则在工业制品等贸易产品上基本成立，但在非贸易产品的很多服务上，却反映出工资水平的差距，收入越低的国家其服务价格越便宜。由此可以发现，经济发展水平越高，汇率与购买力平价的理论数值间的偏离幅度越小，当接近发达国家的水平时，汇率就会下降到与购买力平价大体相当的水平。

小贴士

人民币升值对老百姓的影响：

1. 人民币升值，老百姓口袋里的钱会更值钱，对老百姓有好处，但是如果从整体的国家或者经济层面考虑，人民币升值，会给国家宏观调控带来不确定性，甚至给就业带来困难。

2. 人民币升值，从短期看有利于进口，影响国内商品价格不稳定；从长期看，国内进口的增大，扩大了国际商品的需求，也有利于国际商品价格的上涨，而国际商品价格的上涨又会使国内商品价格向国际商品价格靠拢，从而导致国内商品价格的上涨。市场竞争会更加激烈，优胜劣汰，从而导致失业人群增多，还会对股市证券有很大的影响，最终不利于老百姓。

税务统筹：合理合法地节税

我们觉得交税似乎是那些高收入群体的事，仿佛与自己的关系不大。而且自己即使达到了交税的上限，也不过是缴纳一些个人所得税。

事实真的是这样吗？

答案是否定的。根据我国目前税收主要来源于流转税的特点，许多税实际已经包含在日常消费的商品价格当中，也就是说你已经在无形中通过购买商品“被”征了税。

除去最基本的衣食住行花费之外，在其他的日常生活细节中，税可以说是无处不在的，比如：

你买一件贵重首饰，要交消费税；

你买一套新房子，要交契税、印花税；

你买彩票中了奖，要交偶然所得税；

你的工资达到了一定标准，要交个人所得税；

……

可见，在生活中，几乎所有经济活动都要交税。美国有一句谚语说：“世界上有两件事情不可能逃避，死亡和税务。”既然税务不可避免，特别是一些消费方面的税费更是无法逃避，那么税务筹划也就有了非常重要的意义。

所谓税务筹划，简单来说，就是通过合法、合理的手段来减少自己的税费支出，以达到节税从而增加自己可支配收入的目的。

那么，你应该如何合法、合理地减少不必要的税务支出呢？

首先，你应当了解2018年8月31日新通过的《中华人民共和国个人所得税法》。在本次修订中，个人所得税的起征点从每月3500元调整为5000元；同时，原先分别计税的工资、薪金所得、劳务报酬所得、稿酬所得和特许权使用费所得作为“综合所得”按纳税年度合并计算个人所得税；另外，减税继续向中低收入阶层倾斜，扩大了3%、10%、20%三档低税率的级距，缩小了25%税率的级距，30%、35%、45%三档较高税率级距则保持不变；此外，住房、子女教育、赡养老人等六项支出均可抵税。

这些新措施的实行都为个人减轻了不少纳税的负担，如纳税人月收入为5000元，在税法调整前需要缴纳的个人所得税税额为（5000−3500）×3%−0=45（元），而在调整后，需要缴纳的个人所得税税额则变为5000−5000=0（元），节省金额为45元。

在了解新税法的基础上，我们可以通过以下几种方法来合理节税，以减轻个人经济负担，从而提高个人可支配收入：

第一，利用专项附加扣除项目节税。

根据新修订的税法，计算个税应纳税所得额时，在5000元基本减除费用扣除和“五险一金”等专项扣除外，个人还可享受子女教育、继续教育、大病医疗、住房贷款利息或住房租金以及赡养老人这六大专项附加扣除：

1. 子女教育支出

新税法规定，家中有接受学前或学历教育的［包括幼儿园（3岁以上）到博士研究生］子女，按照每个子女每月1000元的标准实行定额扣除，夫妻双方共享此额度。

2. 继续教育支出

纳税人接受学历继续教育的支出，按照每月400元的标准扣除；接受技能人员职业资格继续教育、专业技术人员职业资格继续教育的支出，在取得相关证书的年度，按照每月 300 元的标准扣除。

3. 大病医疗支出

纳税人在一个纳税年度内自负的医药费用超过 15000 元的部分，可以进行税前扣除，每年有 8 万元的额度。

4. 住房贷款利息支出

纳税人本人或夫妻双方的首套住房贷款利息支出，按照每月 1000 元的标准扣除，非首套住房的贷款利息支出则不得扣除。

5. 住房租金支出

按照纳税人所居住的城市标准，每月拥有 800 元到 1500 元不等的额度。目前的标准是直辖市、省会城市等大城市每月扣除 1500 元，人口超过 100 万的城市每月扣除 1100 元，人口不超过 100 万（含）的城市，每月扣除 800 元。

6. 赡养老人支出

对于赡养 60 岁以上老人的支出，按照每月 2000 元的标准扣除，非独生子女与兄弟姐妹共享这 2000 元的额度。

上述六项中，除大病医疗为据实扣除外，其余均为定额扣除，个人可以提供相关信息，由单位代扣代缴，也可以选择向税务机关自行申报，而在申报时一定要仔细研读相关规定的细节，以便让自己享受最大幅度的个税扣除。

第二，通过缴纳公积金来节税。

根据我国税务部门的有关规定，单位和个人分别在不超过职工本人上一年度月平均工资 12% 的幅度内实际缴存的住房公积金，允许在个人应纳税所得额中扣除。也就是说，职工每月实际缴存的住房公积金，只要在其上一年度月平均工资 12% 的幅度内，就可以在个人应纳税所得额中扣除。因此，纳税人可以充分利用公积金来节税。

第三，利用各种理财产品来合法节税。

广大工薪族在进行理财时，还可充分利用现有的各种理财产品来达到节税的目的：

1. 教育储蓄

教育储蓄是国家为了鼓励城乡居民积累教育资金而设立的，国务院《对储蓄存款利息所得征收个人所得税的实施办法》第五条规定："对个人取得的教育储蓄利息所得以及财政部门确定的其他专项储蓄存款或者储蓄性专项基金存款的利息所得，免征个人所得税。"但教育储蓄并非人人都可以办理，其对象仅仅针对小学四年级以上（含）的在校学生，存款最高限额为 20000 元。

2. 国债

国债是各种投资品中最安全的产品，也因其可免征利息税而备受投资者的青睐。根据《中华人民共和国个人所得税法》规定，个人投资国债和国家发行的金融债券利息免征个人所得税。

3. 保险

修订后的《中华人民共和国个人所得税法实施条例》明确指出："购买符合国家规定的商业健康保险、税收递延型商业养老保险的支出，可以依法扣除。"比如，符合条件的投保人购买个人税收优惠型健康险产品，其应纳所得税额按照每年 2400 元，即每月 200 元的标准在税前扣除；同时，个人购买税延型养老保险，可以享受延迟缴纳个人所得税的优惠政策，即个人通过个人商业养老资金账户购买符合规定的商业养老保险产品的支出，允许在一定标准内税前扣除；计入个人商业养老资金账户的投资收益，暂不征收个人所得税，待个人领取商业养老金时再征收个人所得税。

由此可见，选择合理的保险保障计划，对于大多数人来说，也是个不错的理财方法，既可以得到所需的保障，又可以降低税收成本。

小贴士

其他合理合法节税的方法：

1. 投资节税

目前各大银行推出的人民币理财产品，以及基金、信托产品、黄金、外汇等理财产品，都是免税的。投资者可以投资这些理财产品进行合理节税。

以基金为例，买卖封闭式基金单位和申购、赎回开放式基金单位取得的差价收入，目前暂不征收个人所得税。另外，从基金分配中获得的收入，是由上市公司和发行债券的企业在向证券投资基金派发股息、红利、利息时扣缴个人所得税，而在基金向个人投资者分配阶段，不再扣缴个人所得税。需要注意的是，对从封闭式证券投资基金分配中获得的企业债券差价收入，在基金分配给个人时征税。

此外，信托产品所获的收益也不需缴纳个人所得税，但由于信托产品的投资门槛和风险较高，投资者应当谨慎选择。

2. 差旅费节税

根据税法规定，以现金形式或随工资一起发放的通讯补贴、交通补贴、误餐费补助，视同工资薪金所得，计入工资总额缴纳个人所得税。凡是实际发生并取得合法发票的，则属于企业的正常经营费，不予缴纳个人所得税，并且可以作为企业所得税的抵减，因此纳税人应当注意保管好各种发票，并凭借真实有效的发票及时报销，以达到节税的目的。

3. 收入节税

根据政策规定，下岗职工从事社区居民服务业，对其取得的营业所得和劳务报酬所得，从事个体经营的自其领取税务登记证之日起、从事独立劳务服务的自其持下岗证明在当地主管税务机关备案之日起，3 年内免征个人所得税。下岗职工可以利用这一鼓励政策，轻松为自己免去 3 年税收。而对于大众而言，只要掌握好国家对不同收入人群征收的税基、税率有所不同的政策，也可巧妙节税。

保障性住房：低收入家庭的“家之梦”

“民以食为天，家以居为先”——住房，这个我们生活的一项基本需求，如今却成为影响中国人幸福的一个严峻话题。近二十年来，房地产业作为我国的重要支柱产业之一，在以市场化为主的指导思路下，房地产商大多追求高利润，导致房地产畸形发展，渐渐成为暴利行业。在虚热的房产市场中，商品房价格节节攀升，已建好的楼盘和在建的楼盘层出不穷，但因为房价过高，很多老百姓望而却步。

在这种情况下，国务院开始大力推动保障性住房的建设。实际上，早在1997年启动房改时保障性住房就已经被定为住房体系的主角，此后，国家大力加强保障性住房建设力度，进一步改善人民群众的居住条件，以促进房地产市场的健康发展。

2007年8月8日，国务院下达了《关于解决城市低收入家庭住房困难的若干意见》，明确提出“进一步建立健全城市廉租住房制度”、“改进和规范经济适用住房制度”以及“逐步改善其他住房困难群体的居住条件”。其中，对于廉租房，当地政府可以根据本地具体情况确定每平方米租赁的补贴标准，对于经济适用房，其建筑面积控制在60平方米左右，并且，各地每年都要安排建设一定规模的经济适用房。

进入2008年，各地政府推进保障性住房建设的力度进一步加大。2008年年底，国务院下发了《国务院办公厅关于促进房地产市场健康发展的若干意见》，第一部分就提出要加大保障性住房建设力度。“十一五”

期间，我国以廉租住房、经济适用住房等为主要形式的住房保障制度初步形成。

通过各类保障性住房建设，五年间，中国大量城镇低收入家庭和中等偏下收入家庭住房困难问题得到解决。到 2010 年年底，中国城镇保障性住房覆盖率已达 7% 到 8%，城镇居民人均住房面积超过 30 平方米，农村居民人均住房面积超过 33 平方米。2013 年至 2016 年，我国建成城镇保障性安居工程住房、棚户区改造和公租房 2485 万套，改造农村地区建档立卡贫困户危房 158 万户，使住房困难家庭居住条件有了很大改善。

目前，我国的保障性住房主要包括经济适用房、廉租房、公租房、定向安置房、两限商品房等。

1. 经济适用房

经济适用房属于福利性政策住房的范畴，主要面对低收入家庭，具有经济性和适用性的双重特点。经济性是指住宅价格相对于市场价格比较适中，能够适应中低收入家庭的承受能力；适用性是指在住房设计及其建筑标准上强调住房的使用效果，而非建筑标准。

2. 廉租房

廉租房是政府或机构拥有，以租金补贴或实物配租的方式租赁给低收入家庭的住房。廉租房的特点是只租不售，房源比较多样，包括新建的住房、空置的楼盘以及改造危房、老旧公房等。

3. 公租房

公租房即公共租赁房，指通过政府或政府委托的机构，按照市场租价向中低收入的住房困难家庭提供的可租赁的住房，同时，政府对承租家庭按月支付相应标准的租房补贴。公租房能够解决家庭收入高于享受廉租房标准而又无力购买经济适用房的低收入家庭的住房困难。

4. 定向安置房

定向安置房是政府进行城市道路建设和其他公共设施建设项目时，

对被拆迁住户进行安置所建的房屋。安置的对象是城市居民被拆迁户，也包括征地拆迁房屋的农户。

5. 两限商品房

两限商品房即“限套型、限房价”的商品住房。这种保障性住房是经城市人民政府批准，在限制套型比例、限定销售价格的基础上，以竞地价、竞房价的方式，招标确定住宅项目开发建设单位，由中标单位按照约定标准建设，按照约定价位面向符合条件的居民销售的中低价位、中小套型普通商品住房。两限商品房不是严格意义上的“保障性住房”。

综上所述，所有的保障性住房都针对一定的条件给居民提供优待和实惠，通常是根据国家政策以及法律法规的规定，由政府统一规划、统筹，提供给特定的人群使用，并且对该类住房的建造标准和销售价格或租金标准给予限定。这些保障性住房能够改善城市低收入居民的居住条件，对提高人民生活质量、促进社会和谐稳定具有非常重要的意义。

小贴士

了解我国现行保障性住房申请条件：

1. 每一住房困难家庭或者单身居民只能申请购买或者租赁一套保障性住房，或者选择申请货币补贴。已婚居民应当以家庭为单位申请住房保障。

2. 住房困难家庭或者单身居民申请租赁保障性住房应当符合下列条件：

（1）家庭申请的，家庭成员中至少一人具有本市户籍；单身居民申请的，应当具有本市户籍；

（2）家庭人均年收入或者单身居民年收入在申请受理日之前连续两年均不超过本市规定的租赁保障性住房的收入线标准；

（3）家庭财产总额或者单身居民个人财产总额不超过本市规定的租

赁保障性住房的财产限额；

（4）家庭成员或者单身居民在本市无任何形式的住宅建设用地或者自有住房；

（5）家庭成员或者单身居民提出申请时未在本市和国内其他地区享受住房保障；

（6）市政府规定的其他条件。

申请廉租住房的，除具备上述条件外，还要提供市民政主管部门出具的有效证明文件。

3. 住房困难家庭或者单身居民申请购买保障性住房应当符合下列条件：

（1）家庭申请的，其全部家庭成员应当具有本市户籍。家庭成员的户籍因就学、服兵役迁出本市的，在就学、服兵役期间视为具有本市户籍；单身居民申请的，应当具有本市户籍；

（2）家庭人均年收入或者单身居民年收入在申请受理日之前连续两年均不超过本市规定的购买保障性住房的收入线标准；

（3）家庭财产总额或者单身居民个人财产总额不超过本市规定的购买保障性住房的财产限额；

（4）家庭成员或者单身居民在本市和国内其他地区无任何形式的住宅建设用地或者自有住房；

（5）家庭成员或者单身居民在申请受理日之前三年内未在本市和国内其他地区转让过住宅建设用地或者自有住房；

（6）家庭成员或者单身居民未在本市和国内其他地区购买过具有保障性质或者其他政策优惠性质的住房，但作为家庭成员的子女在单独组成家庭或者达到规定的年龄条件后申请购买保障性住房的除外；

（7）政府规定的其他条件。单身居民申请购买保障性住房的，其年龄条件和面积标准由市政府另行制定。

垄断：钻戒怎么就那么贵

“钻石恒久远，一颗就破产”是网友对昂贵钻戒的戏谑，但也从另一方面道出了钻石的特殊性。一直以来，钻石都是奢华的象征，至于原因，大多数人会认为：钻石太少，所以“物以稀为贵”，稀有就值钱了。

那么，钻石真的很值钱吗？作为公认的宝石之王，钻石自从被发现以来就一直被视为权力、地位的象征。它无坚不摧、坚贞永恒的性质是每个人都追求的品质。但钻石真正的化学成分其实是碳，高达99.9%的碳。它只是一种高密度的碳结晶体。如果你去询问地质学家，他还会告诉你，钻石并非那么稀有。事实上，钻石比其他具有宝石质地的有色石头更加普通，它们仅仅是被人感觉好像更为稀有。

钻石矿的寻找难度极高，耗资巨大，不要以为随便找一块土地然后一直挖掘就能找到钻石矿，钻石矿床的探寻往往要花费几十年甚至上百年的努力。如苏联西伯利亚原生金刚石矿床的探寻，从1913年开始，历经18年的艰辛；博茨瓦纳的“欧拉”原生矿床的发现，耗资3200万美元，历经12年的奋斗；而加拿大西北部发现的金刚石原生矿床，甚至经历了几代地质学家的艰苦努力，耗资至少几亿美元才得以发现。其开采工程更是规模巨大，而且需要小心谨慎。一个细小的失误就可能导致原石破损从而遭受巨大损失。无论露天开采，还是地下挖掘，都是声势和场面浩大的工程，人力物力的投入是难以想象的。

从经济学的角度来分析，我们表面上看到的是巨大的成本，但从本质上我们应该善于发现其经济环境的作用。全世界的钻石资源主要分布在南非、澳大利亚、扎伊尔、博茨瓦纳、俄罗斯这5个国家。其他地方的钻石资源则微乎其微，再加上其中所蕴含的巨大利润，这会让我们联想到什么？没错，就是垄断。事实上，钻石资源在其产出国都是掌握在政府或与其相关的财团手中，这无疑导致了资源的垄断。

“垄断”一词源于《孟子》的“必求垄断而登之，以左右望而网市利”。原指站在市集的高地上操纵贸易，后来泛指把持和独占。在资本主义经济里，垄断指少数资本主义大企业，为了获得高额利润，通过相互签订协议或联合，对一个或几个部门商品的生产、销售和价格进行操纵和控制。垄断就意味着排除竞争。由于垄断者是商品唯一的销售者，因此整个市场的购买者都必须接受卖家的价格，卖家通过控制产品价格或产量来实现自己的利润最大化。

也许你会想到，市场上的其他企业怎么会坐视垄断者获取高额利润呢？难道他们不想要分一杯羹吗？是的，在利润的诱惑下，其他企业也会想方设法打破垄断局面，采取和垄断者同样的行动，并压低价格和利润。但为什么利润没有因为竞争而消失？而垄断持续存在的原因又是什么？

实际上，垄断者能持续保持其垄断的地位，是因为其他企业进入不了它所在的行业，存在某种东西阻止其他企业进入，这种“东西”被称为进入壁垒。市场经济中，主要存在四种进入壁垒：

1. 对资源的控制

一旦垄断者控制了某一行业中至关重要的资源或投入要素，就能防止其他企业进入这一市场。如钻石产地的政府或财团。

2. 规模经济

现在城市中都有输送到家中的自来水，以供日常生活使用，并且地方的自来水公司一直是垄断者。但是为什么没有竞争对手加入地方自来水供应行业，形成有效竞争呢？这是因为，城市自来水供应都需要铺设管道，由于铺设管道的成本不是由公司出售自来水的数量决定的，销售量大的公司具有成本优势：因为它们可以在更大范围内分摊固定成本，它们的平均总成本比小公司低，具有规模经济效应。在一个具有规模经济特征的行业中，大公司获利更多，而小公司会被逐出该行业。由于同样的原因，已成立的公司具备优于任何潜在进入者的成本优势，所以地方自来水公司的垄断是其自身行业的规模经济引发并保持的。

这种由规模经济引发并保持的垄断被称为自然垄断。自然垄断的定义特征是行业在一定范围的产量下存在规模经济。其条件就是产业中要投入大额的固定成本，一定数量的产品在由一个大企业生产时比由两个或更多的小企业生产时所需的平均总成本更低。自然垄断在地方的公用事业中比比皆是，如天然气、电力、当地的电信服务和有线电视服务等。

3. 技术优势

一家公司在行业中始终保持超过潜在竞争者的技术优势，便很有可能成为垄断者，例如我们熟知的微软公司和苹果公司。

值得注意的是，在某些高科技行业，技术优势并非胜过竞争者的保证。一些高科技行业具有网络外部性的特征，即产品对于消费者的价值随着使用该产品的人数增加而升高的情况。在这些行业中，拥有最大的网络，目前使用其产品的消费者数量最多，企业在吸引新客户方面比其竞争者更有优势，这种优势可能使它成为垄断者。微软常常被看作这方面的例子，由于 Windows 的消费者远多于苹果，微软自然成了操作系统的垄断者。

4. 政府设置的壁垒

政府设置的最重要的合法垄断壁垒就是专利权和著作权。专利权的期限是 20 年，它被赋予新产品的发明者们；著作权保护作者和编者，它的有效期通常是创作者的终生再加 50 年，即截止于创作者死亡后第 50

年的12月31日。

政府进行合法垄断的出发点很简单，是为了保证企业创新的利润，从而达到鼓励创新的目的。一个企业，愿意在新产品的研发上投入大量资金，主要的原因是它期待着赚取利润。创新是社会进步的源泉，政府为了鼓励创新，设置壁垒，让创新的企业在某一个时间段、某一个行业领域里获得垄断地位，保证企业的创新能够获得高额的回报，以此刺激企业不断创新，推动社会进步。

对于垄断的评价，始终存在着很大的争议，生产者为了获得最大的利润，总是想做到行业最大，甚至行业的垄断，但消费者却深知垄断带来的种种不便。一方面，垄断集中的资源提高了效率；另一方面，垄断排斥了竞争，又会造成低效率。总之，垄断是生产者和消费者实现均衡的一个博弈过程。

小贴士

国家调整行业垄断收入过高的措施：

1. 应将垄断行业的劳动报酬与其缴税水平挂钩，凡是劳动报酬高出全社会各行业平均工资一定水平的，应考虑按累进方式对其利润征税或提取红利。

2. 对于那些涉及产品市场结构、国民经济安全等问题而难以进行价格规制的垄断行业，如电力、银行业等，应考虑降低其人为设置的准入门槛，积极引入非国有经营主体参与市场竞争。

3. 将政府补贴与行业劳动报酬水平挂钩，越是职工收入水平高的垄断企业，政府给予其补贴时越应谨慎，以免政府的补贴最终转化为垄断行业的职工收入，导致不仅未能达到补贴的初衷，而且恶化行业间的收入差距。

4. 打破垄断行业监管者和被监管企业间的人事流动，以弱化利益集团对规制实施过程的影响。目前，由于垄断行业的中高层管理人员往往有着极高的收入水平，以致很多垄断行业监管部门的人员乐于向被监管部门流动。

5. 就国有垄断行业而言，可以把节约劳动成本作为考察企业经营业绩的指标之一，将其与企业领导者的升迁奖惩挂钩。

6. 打破劳动力市场上的壁垒，通过促进行业间劳动力的竞争流动来实现劳动贡献与收入水平的匹配。

7. 要拓展个人所得税的征收范围，改变以往以工资性收入为主的状况，以适应现阶段垄断行业与非垄断行业间各种福利差距扩大的趋势，如可在确定征税级别时按一定比例折算进易于货币化的住房公积金等福利收入。

第四章

让自己变得不可替代：
不可不知的成功职场经济学常识

人才经济学：萧何为何月下追韩信

秦末楚汉之争中，韩信仗剑投奔项梁大军，项梁兵败后，韩信归附项羽。他曾多次向项羽献计，却始终不被采纳，长期不得志使他转而投奔刘邦的汉军。汉军大将夏侯婴见韩信言论不凡，便向刘邦推荐他，但他仍然未被重用。后来，韩信多次与萧何论兵，颇得赏识，但仍不能实现其抱负。刘邦行军至南郑时，郁郁不得志的韩信面对当空明月，仰天长叹前程渺茫，随即骑马而去。萧何听说后，来不及向刘邦报告，连夜追赶，天至拂晓，方才追及。在萧何的再三恳求下，韩信勉强留了下来。此时刘邦正准备收复关中，萧何就向他推荐韩信，希望重用。刘邦起初只想将其封为将军，然而萧何竭尽所能劝谏，说明争夺天下，韩信是必不可少的大将之才。于是刘邦择选吉日任命韩信为大将，从此文依萧何、武靠韩信，最终夺取了天下，建立了西汉。

这就是著名的“萧何月下追韩信”的故事。古往今来，这一典故的教育意义未曾降低分毫。从萧何为国求贤、识人爱才的一片赤诚之心中，可以看到人才的高度重要性。而随着时代的发展，在当今社会，对人才的重视已经上升到人才经济学的高度。

人才经济学首先要明确人才的定义。人才是什么？首先，人才属于劳动者，但绝不是一般的劳动者。相比普通劳动者而言，他们具有“三高”，即高质量、高素养和高能量，因此人才可以在为数众多的劳动力群体中脱颖而出。古语说“千军易得，一将难求”，求的就是高质量的人才。我国著名核物理学家钱学森当年从美国归来时，遇到百般阻挠，原因何在？一位美军高级将领给出了形象的答案，他说，宁愿枪毙钱学森，也不愿意他回到中国，因为他“一个人可以顶五个师”。所以钱学森在美国被扣5年才得以回国，而他一旦回国，便对“两弹一星”的成功起到至关重要的作用。这就是人才的重要性，其释放出的能量是一般人无法与之相提并论的。

在明确人才的定义后，再分析市场竞争。归根结底，市场竞争将集中于人才的竞争。这里有一个简单、明了的逻辑关系：在市场经济下，市场的竞争取决于产品的竞争，谁能生产出适合用户需要、赢得用户满意的产品（这里的产品包括技术、服务等），谁就能占领市场。但是只有懂技术、懂管理的人才方能生产出这样的产品。因此，从根本上说，人才竞争决定了企业的兴衰成败。

企业渴求人才，在雇用人才时必须给出价格。但人才与一般劳动力相比，在供求关系上是截然不同的。在我国，有着大量的一般劳动力，供大于求；而人才总体来看一直就是供不应求。人才月工资可以拿到几千元甚至更多，同时，一项高科技成果可以卖到上千万元，这一数额就是人才价值的转化。企业购进人才时，因为人才的价值往往难以在当下体现出来，这就使其本身的定价难以预计，在企业效益尚未实现前谁都不能确定。面对这种风险，企业必须采取一定的措施加以预防，比如技术入股、报酬与效益挂钩等，都可以有效实现买卖双方都不吃亏。

对于企业而言，人才经济学还研究怎样才能招揽人才、留住人才。鉴于人才的特殊性，要达到这一目的绝非易事。地区不同，企业不同，都需要采取不同的对策。但总的来说，要吸引人才，关键还是在于“以人为本”，即在以价值规律对待人才的同时，还要从人文角度充分尊重、吸引人才。为此，人才经济学指出，吸引人才需要在两方面下足功夫：

一方面，企业必须有优秀的激励机制。比如山东海信集团实行年薪“沉淀”制度，集团经理的年薪从15万元到50万元不等，但这笔钱要分成四部分，当年只能拿走30%，其余70%是“沉淀”的，5年之后才能兑付。如果有人提前离开，他的“沉淀”工资是不能全部拿走的。类似这样的激励机制，对于留住人才起到了很大作用。

另一方面，企业必须为人才提供优秀的发展环境，从而充分调动其积极性。在这一方面，日本企业做得非常到位。为了鼓励创新，日本企业普遍组建了各种“发明创造委员会”，人才以及所有员工都可以随时提出设想，如果被采纳，企业将会提供可观的奖励；即使不被采纳，也会获得一定的奖金。企业还为人才提供提升自我的培训环境，鼓励他们继续学习新知识、钻研新技术，让他们的综合素质不断提高。每逢员工遇到婚娶、生子、祝寿一类的喜事，日本企业都会有所表示，如在工厂门口贴出大幅标语以示祝贺，或者专门送上一些特别的贺礼。企业领导还定期与职工一起参加各种文体活动。这样优良的工作环境和人际环境，都加深了人才对企业的感情，从而产生很强的凝聚力。

小贴士

企业如何充分利用人才：

1. 树立人才重要性的理念

所谓人才，是德才兼备，具有一定文化素质，掌握一定科学技术专长的人。对于企业来说，企业核心竞争力越来越表现为对作为第一资本的人才的培育、拥有和运用能力。人才是推动企业健康发展的力量源泉，是企业发展的决定性因素。因此只有拥有充足的人才，企业才能实现跨越式的发展。

2. 经济地开发、培养、使用人才

经济地开发人才，首先要做到实事求是。任何资源要素，只有当其被利用且能够创造出高于其使用成本的价值时，才具有真正的价值！经济地使用人才，尽量倡导一专多能。为了提高工作效率，很多企业往往分工明确，他们希望专业的工作能带来更好的效果。但在执行过程中常常因为分工过细导致工作中的扯皮现象，反而严重影响了工作效率。

3. 企业在利用人才时容易出现的问题

在企业中，领导者要具有管理人才的能力，要知人善任，不要意气用事，这样才能避免人才浪费。比如，一名领导因为不满意某人做的某件事，就全面否定这个人，轻易给他调换工作。这样就可能埋没他的才能，让他的技术、技能得不到合理的运用和开发。

还有一些领导者不注重良好而科学的人才结构，导致现在专业性很强的工作技术在接替方面出现问题，从而出现生产技术滑坡或技术失误。而要弥补这样的技术断层需要更多的投入和更长的时间，代价是很大的，这也是不能经济地利用人才的表现。

择业经济学：何谓热门与冷门

究竟如何处理热门与冷门的关系，找到最适合自己且前景良好的专业和职业呢？其实，市场瞬息万变，热门与冷门也在不停地变化。

小王刚刚大学毕业，面临两个工作机会的选择，一个是生产开关插座的厂家，另一个是提供手机增值服务的企业，都是做市场工作。

小王倾向于去第一家企业，但小王的很多同学都去了通信行业，说是这类行业工资待遇高。

小王不知道该去哪里好。这不仅是小王的困惑，也是很多求职人士的困惑。

求职时，“趋热避冷”是很多求职者的思维定式。银行业等热门行业往往意味着高收入、高福利和长远的发展，而农林牧渔业、传统制造业等行业总给人收入低、工作枯燥的印象。因此在人才市场中，热门行业总是人满为患，冷门行业常常无人问津。

其实，择业不宜只盯着热门行业。从择业经济学的角度来看，有的时候“热门”不热，“冷门”不冷。

首先，行业的冷与热是相对的，前几年互联网业红极一时，但很快互联网泡沫破灭，因此下岗失业的人也不在少数。其次，热门行业中也有冷门职位，而冷门行业中也有热门职位，行业前景不等于职业前景。譬如，在计算机行业，也有和计算机的开发、设计和维护没有直接联系的岗位，如行政管理、人力资源等；同样，在非计算机行业，也需要大量人才进行系统的开发、设计和维护。

懂得避开热门行业中的冷门职位，或善于发现冷门行业中有潜力的、有成长性的职位，才是职场中的聪明人。

冷门行业也有热门职位，例如：农业科技人才。农业是不折不扣的传统行业。但现代农业已经不是传统意义上的“春播秋种”了。在一些现代农业园区，对技术人才的要求非常高，范围也非常广。据某招聘网站月职位信息显示，近期市场对农业科技人才的需求非常大。需求主体不仅包括传统的农、畜、牧业，还有生物工程、海洋养殖耕作等新型产业。另外，农产品加工、农产品营销等专业人才也供不应求。

模具设计师是冷门中的热专业，因为制造业也是老牌传统行业，其劳动强度大、工作环境不够舒适的行业特点，让不少人望而却步。但近年来，模具设计师已经成为人才市场中的新贵，高级模具设计师动辄月薪上万。

专利代理人也是非常好的职业选择，知识产权业在人才市场中一直不温不火，专利代理人却是当之无愧的热门人才，一直处于高度紧缺的状态。尽管专利代理人考试通过率一向偏低，但上海的专利代理人资格考试却吸引了许多人应试。

园艺工程师如今也是一个让人意想不到的热门职业。园林绿化曾经属冷门行业，但近年来，园艺工程师、景观设计师等“绿色人才”一路走强，园艺工程师还数次入选某招聘网站的“职场大人气职位”之列。

小刚高考失利，考大学时被调剂到一个他没有想到的专业——档案学。

刚入学时，小刚郁闷了一段时间。但随着专业学习的深入，小刚发现档案学很适合心思缜密又讲究条理的自己，加上老师对档案学专业的前景介绍，小刚开始对自己的专业有了兴趣和信心。

之前他非常爱好文学，虽然当时想报的中文没有学成，但是他利用课余时间选修了汉语言文学专业作为自己的第二学位。

转眼到了大四，昔日备受青睐的中文专业遇到了僧多粥少的尴尬局面，就业率竟然跌到全校倒数第几名。与之相反，手持冷门专业学历的小刚，求职之路却一路绿灯。

好多单位的文秘岗位看中他所学的档案学专业在资料存档和信息收集方面的优势，频频抛出橄榄枝，加上小刚手中还有双学位这张王牌，找起工作来更是游刃有余。最终，他轻松进入了一家超大型企业。

档案学专业向来给人一种枯燥乏味、单调封闭的感觉。但是，随着国家对档案管理工作的重视，政府部门和事业单位对档案人才的需求也越来越大，而只要稍具规模的企业都需要档案管理工作，所以档案学专业毕业生的就业路子除了事业单位外还有很多企业可以选择。

又因为档案学专业招生人数相对较少，竞争也就没有其他行业那么激烈，特别是在报考公务员时这一优势极为明显。一个公务员考试成功的档案学专业的毕业生说："你想啊，一个法学专业的岗位可能有几万人去抢，相比而言只有几十个人报考的档案专业的岗位，成功的概率当然会大很多。"

究竟如何处理热门与冷门的关系，找到最适合自己且前景良好的专业和职业呢？市场瞬息万变，热门与冷门也在不停变化。想从事热门职业，关键是要有前瞻性，以成长性强的职业为自己的目标。归纳起来，前瞻性体现在这几个关键处：

1. 填报专业时

职业规划从选择大学专业时就该开始。高考填报志愿时大多数人以热门行业为风向标，其实这样很危险。前些年金融行业火爆，报考金融专业的学生数量大增，各学校也纷纷开设相关专业。结果没几年，金融专业的学生由于数量过多遭遇就业困难。现在，计算机专业的学生也面临着相似的情况。相反，有些人报考了某些冷门专业，反而有意想不到的发展。譬如，心理学一向比较冷门，而近几年心理咨询师、儿童顾问等相关职业成了人才市场上的新热门。

2. 选择职业时

尽量选择有发展潜力的职业，不要拼命追逐那些已经很抢手的职业。成长性强的职业应具备两个条件。其一，在市场上，与该职业相关的人才供不应求；其二，提供相关职位的企业，发展态势大多蒸蒸日上，在政策方面拥有不少好消息。具备这两个条件的职业，势必需要大量从业人员，呈现出“求贤若渴”的形势，很可能就是下一个“热门”。

3. 加盟行业时

选择行业时可做一番调查分析，包括社会热点职业的分布、自己所选行业在当前与未来社会中的地位、社会发展趋势对行业的影响等。再分析一下自己的人脉资源，包括在从事选定职业的过程中将和哪些人交往，这些人都属于哪些行业等，最后根据实际情况选择有利于自己成长的行业。

此外，无论从事什么职业，都要考虑与兴趣爱好和个性特点相结合。热门专业、职业、行业都可预测，但切不可因为追求热门而强迫自己从事不喜欢或不擅长的职业。

无论从事什么职业，都应该努力把它做好。一份职业的前景如何，最大的决定因素并非行业前景，而是自己有没有用心去做，能不能成为某一领域的专家。像前面所举的例子，档案工作的特点是单纯、稳定，特别适合想要安定生活的人。这几年公务员考试大热，教师成为大家青睐的职业，就是因为很多人希望能有个稳定的工作，而档案学就具备这样的优势。

当然，如果一个人生性活泼开朗，让他从事这样一份工作，即使工作再稳定，收入再高，想来他也不会觉得快乐。现代社会专业分工越来越精细，个人只要根据自己的需要，做好自己的工作，真正做到“人无我有、人有我精”，就一定会有所建树。

小贴士

个人选择专业的误区和建议：

1. 选择专业时的误区

缺乏了解：对自己不了解，对专业不了解。从专业名称望文生义，觉得自己很喜欢，真正进入大学攻读之后却发现与自己的想象相去甚远。

跟风现象：这几年哪个专业吃香，报考的人数就迅速增加，都没有考虑适不适合自己，四年大学读完后市场前景会怎样。

2. 选择专业的方法

第一，要有明确的目标，根据个人兴趣选择合适的方向。比如，如果非常想成为研究型人才，选择基础学科就会更为合适。一个人应该有自己的职业规划，个人的职业规划不同，选择的专业就会不同。

第二，充分了解热门专业的市场行情。要注意，热门专业往往具有很强的时效性，不会一直热门下去，应对该专业几年后的就业形势做出一定的评估。

第三，充分发挥自己的能动性，针对社会就业形势不断对自己进行完善补充，加强自我的拓展实践。这不仅适用于在校学生，更适用于已经参加工作的人。一个人，只要有毅力，有热情，就完全可以凭借自己的争取和努力，进行各种学习培训，让自己的人生更加精彩。

归根结底，没有永远的冷门，也没有永远的热门，一切都会随着社会市场的变化而变化。选择专业不要太拘泥于冷门与热门，选择自己有兴趣的、将来想做的，才是上上策。要知道，只有这样，一个人才能在自己热爱的行业深入钻研。试想，假如你有着扎实的理论知识、高深的业务能力和娴熟的交际能力，那么，无论你学的是什么专业，做的是什么行业，最终都会有所成就。

注意力经济学：学会毛遂自荐

在每个公司中，都有一些员工很快得到加薪或升职的机会，从此风光无限，成为焦点人物，这会让其他同事羡慕不已。然而，在慨叹别人取得成就的同时，你有没有想过自己也要赢得一项殊荣呢？想要赢得关注并不是一件容易的事，在努力工作取得好业绩的同时，更重要的是努力抓住同事和领导的视线，借此获得加薪升职的机会，也就是“学会自我推销”。从经济学来讲，就是“注意力经济学”。

1978 年，诺贝尔经济学奖获得者，著名的社会科学家赫伯特·西蒙率先提出“注意力经济学”，说得通俗一点，就是老百姓在接收信息时，如看电视、看电影等，也消费了他们的注意力。随着计算机网络的兴起，注意力经济学得到了广泛的使用。

从前，有个地主名叫李进财，他有 5 个女儿，个个长得如花似玉。李进财把 5 个女儿视为珍宝，只要一有客人来家里做客，就会把 5 个女儿炫耀一番。

一次，一个来家里做客的人对李进财说：“我是这里手艺最精湛的裁缝，人们都说您有 5 个天仙般的女儿，依我看，她们比不上我做出的衣服。”李进财听了这话，心里很不是滋味，眼睛里冒出了怒火。见此情景，裁缝接着说：“如果您不信的话，我们可以打个赌，我将做出世上最好看的衣服，让您的女儿来我的店里试穿。如果人们说您的女儿比我的衣服漂亮，我就白送您200两白银；如果他们说我的衣服比您的女儿漂亮，您就送给我200两白银，这样可以吧？”李进财听了，欣然答应。

次日早上，李进财带着5个女儿来到裁缝的店铺。女儿们穿上裁缝做的衣服，显得更加美艳了，人们赞叹不已。于是，有人夸李进财的女儿貌若天仙，也有人赞叹裁缝的手艺高超。这时，裁缝便问大家：“你们说，是衣服更漂亮还是李进财的女儿们更漂亮？”大家一致认为李进财的女儿们更漂亮。李进财不仅得到了人们的肯定，还拿到了200两白银。令李进财不解的是，输了200两银子的裁缝看上去好像更开心。

于是，李进财便派下人进行打探，结果发现：打赌过后，裁缝店里的生意好得出奇，漂亮姑娘纷纷去购买裁缝做的漂亮衣服，而且衣服的价格也涨了，由原来的1两白银变为现在的2两白银。

裁缝的高明之处在于，他利用了李进财贪财、好胜的心理，利用美女的“时装秀”为自己的店铺做了一次广告宣传，并因此吸引了人们的注意力，使店铺生意越来越好。实际上，裁缝运用的正是注意力经济，因为在现实生活中，美女吸引的就是大众的注意力，与此同时也为更多的商家带来了丰厚的利润。

相似地，在职场上，一些给人留下良好印象的职员被领导提拔、赏识的机会非常大。从根本上说，这也是“注意力经济”在起作用。所以，每一位职场人士，都应该灵活运用“注意力经济学”。会推销自己并能吸引领导注意力的员工，有可能在短时间内获得加薪升职的机会。相反，如果职场人士不懂注意力经济学，不会吸引领导注意力，自然很难得到领导的重用。

在我们身边，能力很高但得不到上司重用的人有许多，他们大多数都在注意力经济上有哪些欠缺呢？下面将这些在职场上不被重视的员工的特征举例给大家分析：

1. 伴郎型

伴郎型的职员责任心强，工作能力较强，但在关键时刻往往不能充分发挥自己的才能。这主要是由于其具有消极的处事态度，谦虚过度，总觉得自己把能力完全表现出来就会喧宾夺主。这类职场人士显然是无法赢得领导的注意力的，加薪升职的机会自然不会落到这类人身上。

2. 不满型

不满型员工在工作上非常努力，但总是牢骚满腹，喜欢抱怨，这种坏习惯在注意力经济上会起到很大的副作用。在上司看来，这类人总是处于被动工作的状态，结果与加薪、升职无缘。

3. 敌视型

敌视型员工对于自己非常自信。工作能力超强，表现极佳。但是，在人际关系的处理上，他们有时会看不起同事，内心总有轻蔑甚至敌视的态度，经常与别人发生不愉快的小插曲。这时，吸引别人的注意力后，换来的却是很坏的印象，时间久了，就会被大家孤立起来，让上司也感到非常烦恼。

4. 黄牛型

黄牛型员工是典型的不会说“NO”的人，在工作中，对于同事提出的任何要求，不管自己是怎样的状态都会欣然同意，笑脸迎纳。他们为了帮助别人会放下自己的本职工作，使得自己的工作受到影响。这种类型的员工通常为别人付出很多，但得不到领导的赏识。

5. 幕后型

幕后型职员通常对工作认真负责，任劳任怨，默默无闻，即使工作做得相当好，也很少被领导知道。这种类型的员工内心渴望得到更高的地位和薪水，但不懂得如何推销自己，如何吸引人的注意力，结果总是让他人坐享其成。

综上所述，这5种类型的员工虽然表现各不相同，但是有一个共同点，就是不懂得注意力经济学，不会通过很好地推销自己来吸引别人的注意力。

如果看书的你正是其中的一员，对“注意力经济学——很好地推销自己”仍然感到迷茫，那么，请继续往下看。下面讲一下应该如何运用注意力经济学，使自己能够吸引同事和领导的关注。大家已经知道，注意力经济学——更好地推销自己，就是要吸引别人的注意力，从而让别人产生积极、正面的效果，这样才能使自己最终获益。因此，推荐以下方法供大家参考：

1. 学会“抛头露面”

这是最基本、最简单的方法。员工要尽可能多地参加公司的会议，多出席公司组织的各种活动；对于一些富有技术含量的工作，要争先抢做。并且，适当的时候，要多提出一些新颖精彩而又独到的见解。但前提是自己要有足够的实力，否则可能出现适得其反的效果。

2. 要勇敢做事

要勇于承担大部分人都不愿意做的事。因为有些事在一定程度上有些困难，不容易完成，但非常有可能让自己有更多的自由发挥的余地。只要成功完成，一定会吸引领导和其他同事称赞的注意力，为自己加薪、升职增加筹码。

3. 善于利用新事物

在做好本职工作的情况下，员工可以选择在工作之外借助其他方式，给公司创造价值，从而吸引领导的注意力。例如，新兴起的高科技网络资源，员工既可以利用它选取、整理对公司有利的信息资料，在合适的机会提供给公司，也可以在公司论坛里积极、合理地发表自己的感想和观点。

员工朋友需要注意的是，在学习运用注意力经济学时，必须从自我出发，只有真正做到在心理上肯定自我，才能表现自我、捍卫自我并抓住自我，才能有力地控制他人的注意力，从而赢得关注，为自己赢得加薪和升职的机会。

小贴士

自我推销、毛遂自荐的方法：

1. 口头自荐

善于语言表达且有一口流利标准普通话的求职者，采用口头自荐似乎更能打动人，这种自荐要求应聘者必须亲临用人单位或招聘现场。优点是直接面对用人单位，便于展示自己的风度和才华，容易给用人单位留下较深的印象。如表现出色，可能会被用人单位现场录用。缺点是涉及面有限。

2. 书面自荐

倘若能写一手娟秀的好字和漂亮的文章，选择书面自荐更能展现求职者的魅力。此外，自荐材料的递送方式也应注意。在竞争激烈的情况下，邮寄的自荐材料可能不易引起用人单位的注意和重视。求职者亲至用人单位或招聘现场当面呈递自荐材料，也许易于加深用人单位对自己的印象，从而增加求职者成功的可能性。这种方式覆盖面广，可以扩大自荐范围，不受时空限制，简便易行，但反馈率较低。

3. 电话自荐

也是口头自荐的一种方式，但只能是“投石问路”，仍需递交书面材料或进行面试。对于风度潇洒、谈吐自如、反应敏捷的毕业生，这种方式更能发挥自己的优势。

4. 广告自荐

借助新闻媒体进行自荐，覆盖面广，可以扩大应聘范围。此外，还有一种广告形式的自荐——网络自荐，即通过电脑传送求职信息，使双方在网络上“供需见面，双向选择”。

自荐方式是多种多样的，选择恰当的自荐方式，在求职择业过程中无疑是十分重要的。就每一个求职择业的大学生而言，采用何种自荐方式，应该从自己的实际情况出发。

替代效应：怎样拥有“金饭碗”

近几年我国的热门职业包括理财规划师、人力资源师、企业高级策划和公关经理、公务员、职业规划师、律师等。的确，这些行业曾因收入高被很多人羡慕。不过，最近几年一场金融风暴席卷全球，很多人的职场美梦破灭了，许多人眼里的“金饭碗”也被打碎了。所谓的十大“金饭碗”行业中的不少从业者收入大幅缩水，有的甚至饭碗不保。

其实，职场中根本就没有什么“金饭碗”。以前，由于政策扶持或市场导向的作用才产生所谓的“金饭碗”行业。曾经辉煌的行业，可能成为明日黄花。对于职场人士来说，真正的“金饭碗”不在别处，就在你自己身上，就是你的个人技能和职业素养。“金饭碗”是指不可替代性的人力资源，是指一个人的核心竞争力。

这是经济学中的替代效应给职场人士的重要启示之一。所谓替代效应，可以这样解释：当某一商品的价格上升时，消费者倾向于用其他商品替代变得较为昂贵的该种商品，从而获得最大效用的满足。比如，你在市场买水果，看到橙子降价了，而橘子的价格没有变化，在降价的橙子面前，橘子好像变贵了，这时你往往会多买橙子而不买橘子。

替代效应在生活中非常普遍。我们日常的生活用品，大多是可以相互替代的。白菜贵了多吃萝卜，猪肉贵了多吃牛肉和羊肉。一般来说，越难以替代的物品，价格越高昂；技术含量越高的产品，价格越高。艺术品之所以价格高昂，是因为其独一无二，几乎找不到替代品。

在职场中，替代效应也非常普遍。那些有技术、有才能的人在单位里，老板见了又是笑脸，又是加薪，为什么？因为这个世界上有技术、有才能的人不是很多，找一个能替代的人更是不容易。而普通员工，企业很容易从劳务市场找到替代的人。

在一个公司里，A很能干，独立负责一个专业性很强的项目工作，但不够合群。B是另一个普通项目小组的负责人，相比于其他人也比较能干，是潜在的升职人选。但A和B不和，因为矛盾激化，大大影响了公司的工作效率。这个时候，在没有调岗可能性的前提下，老板会按以下逻辑评估：

1. 矛盾焦点是A和B，必须裁掉其中一个；

2. 裁掉A，丧失一个项目，损失太大，不划算；

3. 裁掉B，丧失一个不错的员工，但好歹有可替代的人补上来，有损失，但不致命；

4. 站在公司利益角度，那就裁B留A，并且立即对A的沟通方面进行敲打。为了避免A因此不可控制，还得再找一个人掌握A的工作环节。

B被裁不是因为他不能干，也不是因为A比他能干，而在于谁是可以裁掉并且让公司损失较少的那个人。

再换一下前提，假如，B的这个项目小组拿了一个可以扭转公司状况的大单，而B是这个大单的关键人物呢？

那么，被裁掉的恐怕就是A了，B说不准还会因为合群而升职。

很多人慨叹，自己刚进公司时，老板对自己很器重，当把才华全都奉献给公司的时候，自己的末日也就到了。这其实怨不得老板，是替代效应在起作用。市场是无情的，面对员工的止步不前，如果老板不让新员工替代才能用尽的老员工，别的企业就会在市场中替代这个企业。

因此，职场的立身之本就是建立自己的不可替代性。只有具有不可替代性，才能拥有属于自己的职场“金饭碗”。

小贴士

做到“不可替代”的两点建议：

1. 就个人而言，掌握一门或多门技术，成为他人眼中有才能的人。

在我们的工作中，有技术、有才能的人往往会被委以重任，而且升职加薪。原因很简单，就是因为有技术、有才能的人并不多，很难找到合适的人来替代。

而没有技术、没有才华的普通人，劳务市场上有的是，你不干了，大家争着抢着来干。你也不用心理不平衡，只要你努力发展，不断学习，与时俱进，在技能上精益求精，和别人相比有相当明显的优势，使自己具有不可替代性，机会自然会落到你头上。

2. 就企业而言，只有不断推陈出新，改进自己的产品，才能不被别人的产品所替代。

做到人无我有，人有我优，人优我特，将替代效应推向极致。市场是无情的，市场优胜劣汰企业，企业也在优胜劣汰员工。市场是残酷的，我们无法改变它，只能从自身做起，以更好的表现来适应它。

智猪博弈论：你是“大猪”，还是“小猪”

智猪博弈有个经典的案例，讲的是：

> 同一个猪圈里生活着一头大猪和一头小猪。在猪圈的一侧装有一个踏板，只要踩一下踏板，远离踏板的投食口就会落下食物。这时，如果其中的一只猪去踩踏板，另一只猪就可以先抢到落下的食物。如果是小猪踩踏板，当小猪再跑到食槽前，食物已经被大猪全部吃完了；如果是大猪去踩踏板，再跑到食槽前，还有机会争吃到一点残羹。那么，两只猪将会采取哪种策略呢？小猪舒舒服服地等在食槽边，大猪则会为一点残羹不知疲劳地奔波于踏板和食槽之间。

智猪博弈主要属于经济学的博弈范畴，这一经济现象说明小猪不需要付出劳动就可以得到份额较大的收益，而大猪辛苦地付出却得不到相应的收益。生活中也有一些人，在不付出劳动的情况下就能坐享其成。例如，环卫工人将街道各个角落的垃圾扫除干净，没有付出劳动的过路人便享受了清洁的环境；股市上等待庄家抬轿的散户；公司里能力较差，没有创造效益却分享成果的人；等等。因此，广大老百姓必须深谙“智猪博弈”的道理。

综上所述，智猪博弈说明了这样一个道理：生活中有些事情其实用不着自己费力，看准机会搭便车，既省力又省时，同样可以办好一件事。

只要你细心观察，就会发现生活中有许多这样的例子。

在公司里，向上司争取增加福利和薪水是我们经常遇到的事情。通常情况下，会有一名员工被大家推选为与上司进行谈判的代表，他肩负着公司所有员工的利益，如果谈判成功，公司其他员工就可以坐享其成，分享得来的利益；如果谈判失败，其他员工可以全身而退，不会危及个人的利益。这便是一种“智猪博弈”的现象。作为代表的员工可能会成为牺牲者，扮演了“大猪”的角色，而同为可能受益的其他员工躲于幕后，扮演了“小猪”的角色。

在实际的工作生活中，往往胸无城府、积极上进的人会被当作大猪，为了避免智猪博弈这种不公平现象的发生，公司要加强民主参与决策，让每位员工都有表达自己观点的空间。

某知名外企向社会公开招聘两名管理层人员，分别担任人力资源管理与技术总监。招聘信息刚刚发出，应聘人员便纷纷赶来应聘竞争。经过层层选拔，有两名管理硕士胜出，分别是小陈和小孙。按照公司的规定，人力资源主管月薪为10000元，而技术总监月薪为8000元，理所当然两人都想从事薪水偏高的人力资源主管。相比而言，小陈的工作经验要比小孙丰富，按照正常的逻辑，小陈胜出的概率高于小孙，小陈对自己也是充满信心。

在与外企管理者进行谈话的过程中，小陈谈了自己人力资源方面丰富的能力，并且介绍了自己在技术总监方面的工作经验。接下来是小孙的谈话，他对自己丰富的工作经验避而不谈，刻意降低自己的才能，甚至说自己胜任不了技术总监工作。

从二人的谈话信息中可以看出，小孙刻意拉大与小陈的能力差距。最后，小孙荣获人力资源管理这一待遇优厚的岗位，而小陈被安排在技术总监的岗位之上。

为什么经验和能力更胜一筹的小陈会在竞争中失利呢？这就需要应用“智猪博弈”来进行分析。外企公司的整个招聘过程已经耗费了大量的时间和精力，不可能重新进行招聘选拔，也就是说，小陈和小孙必然会被分派在这两个职位上。在这种情况下，小孙虽然实力不及小陈，却背水一战，大胆地告诉外企管理者，自己无法胜任技术总监工作，主动担当了“智猪博弈”中的“小猪”角色；而小陈能力较强，并极力表现自己的无所不能，在无意中担当了能力较强、知识渊博的“大猪”角色。因此，企业只好选择让小孙担任人力资源管理的职位。

通过这一事例我们可以看出博弈论起到的关键作用，如果小陈懂得“智猪博弈”的理论，悟出竞争的形势，再依据本身所具有的能力，很可能会胜出。但遗憾的是，小陈在“智猪博弈”中扮演了无所不能，但费力不讨好的“大猪”角色，最终输了竞争。

人力资源主管必须由一个能够指挥别人去做事的“小猪”来担当。在前期选拔的时候，选拔者会考虑应聘者的具体技能；但是到了最后的角逐时，就要看谁具有更强的控制力，而不再需要考虑你个人技能的熟练程度。小孙正是在最后的角逐中改变了自己的战略，体现了自己需要请别人帮助的统御才能，因此赢得了竞争。

小贴士

智猪博弈情况在企业出现时的对策：

智猪博弈这一模型可以扩展到生活中的各个方面，不论是在战争中还是在商业竞争中，我们都会看到类似于智猪博弈的情况存在。在办公室的人际冲突中，有一些人会成为不劳而获的“小猪”，而有另一些人充当费力不讨好的“大猪”。

1. 大猪“加班，”小猪“拿加班费”，如何应对？

这种情况在企业里比比皆是。因为我们什么都缺，就是不缺人，所以每次不论多大的事情，加班的人总是越多越好。本来一个人就可以做完的事，总是会安排两个甚至更多的人做。

对策：解决这一现象的关键是要做到因事设岗，因事用人，100% 的工作只需要安排 80% 的人去完成，因为人都是有潜力的。

2.“一样通”比“样样通”有更高的薪水怎么办？

你是不是经常为自己渊博的知识而自豪呢？或者你是否经常为有些人仅有一技之长却比你拿了更高的薪水而郁闷呢？不要责怪自己，也不要怨天尤人，生活中这样的例子比比皆是。这不是谁的错，因为你想不通的事也有它的科学性。

对策：不是否定知识的价值，只是提醒你在向外界展示你的知识时，隐而不露也许会获得更大的收益。

3. 为集体利益做事的人最终所得总少于“搭便车”的幕后者，应该如何应对？

为集体利益而做出行动的人突出表现在争取加薪或增加福利。每个团体都会推选出各自的代言人。但这时我们会发现，被推选为代言人的常常是那些胸无城府，但总是给人以积极印象的人。而群体活动的最大受益者——“小猪”则永远躲在幕后。活动成功了，他们可以优先分到一杯羹；如果失败了，他们也可以有一通与我无关的说辞，让“大猪”成为永远的牺牲者。

对策：解决这一现象的关键是加强决策的透明度和民主参与能力，让每一名员工都有合适的途径表达自己的观点。此外，还要培养员工的团队意识，尽量减少非正式组织对组织的影响力。

木桶定律：补齐自己的短板

我们都知道，木桶是用来盛水的，一个由多块木板构成的木桶，其使用价值在于其盛水量的多少；但是，木桶盛水量的多少取决于最短的那块木板。这就是我们所说的木桶理论。

木桶理论是由美国管理学家彼得提出的，意思是一个完整的木桶想要盛满水必须保证每一块木板都没有破损且齐头并进，如果其中有一块木板破损或不齐就不能盛满水。这个理论也被人称作“短板理论”。实际上，这块短板是有用的，只是“发展”不及其他木板，仅仅因为个体经济的落后，影响了整体的实力。木桶理论还有两个推论：第一，要想木桶发挥最大的作用装满水，就要让木桶的木板一样高。第二，只要整个木桶里有一块短板，木桶就不能装满水。

一个完整无缺的木桶可以代表一个组织、一个企业、一个部门、一个班，甚至一个人，而木桶的最大容量则象征着整体的实力，整体的优劣状态总是参差不齐的，而劣势的部分往往会影响整体的水平。每个人都是一个木桶，木桶的木板会是不同长度的，就像每个人各方面的才能是不同的。劣势影响优势，劣势决定生死，这就是市场竞争的残酷法则。木桶理论包含了很多日常生活中的哲理问题。例如，在一个团队里，决定团体综合实力的关键不在于某些能力很强的人，而在于一些能力弱的人，因为短板对长的木板起着限制和制约的作用。所以，为了不影响团体的力量，充分发挥团体的作用就要让自己的短板变长，否则，短板带来的损失可能是不可估量的。

作为个人，要想让自己的短板变长，成为一个善于合作的人，就要做到以下几个方面：要时刻保持谦虚的态度，骄傲自大不利于与人合作；敢于承担责任，在一个团队中，这样的态度将会得到更多的机会；提高交际能力，增加自己的亲和力，让更多的人愿意接近并接受自己；提高专业技能，丰厚与别人合作的资本；心胸开阔，多学习别人的优点，发现并检讨自己的缺点；经常赞美别人，给别人发自真心的祝福，切忌有嫉妒之心；尊重别人，对别人寄予希望和信任。

要想使自己的短板变长，还要为自己寻找一个足够大的空间平台，发挥自己的特长，可以参加一些企业培训或教育培训，因为有针对性的培训确实是一项实实在在而有意义的工作，实际上很多大企业也都非常重视员工培训这一环节。惠普公司内部有一个关于规范管理的培训教育项目，仅仅是这一个项目，每年的研究经费就高达数百万美元。

但也有很多事情不能直接应用木桶效应，例如有关个人性格的塑造，很多人只看到自己的缺点，就认为自己是短板，然后花费很多精力以及时间去改善，但结果却不理想，有些甚至在追求改变的过程中迷失了自己。所以，在实施“木桶效应”的过程中一定要保持头脑清醒，认清哪些是可以改变的，哪些是不可改变的，如人的性格是根深蒂固很难改变的，就不要在这上面浪费时间和精力，竭尽全力改变自己缺点的同时不如最大限度地发挥自己的优点。可以说，改善缺点是盾牌，而发扬优点则是利剑。

小贴士

“木桶定律”在企业中的应用：

1. 企业团队精神建设的重要性

在一个团队里，决定这个团队战斗力强弱的不是那个能力最强、表现最好的人，而是那个能力最弱、表现最差的人。因为，最短的木板对最长的木板起着限制和制约作用，决定这个团队的战斗力，影响这个团队的综合实力。也就是说，要想方设法让短板子达到长板子的高度或者让所有的板子维持“足够高”的相等高度，才能完全发挥团队作用，充分体现团队精神。

一个企业要想成为一个结实耐用的木桶，首先要想方设法提高所有板子的长度。只有让所有的板子都维持“足够高”的高度，才能充分体现团队精神，完全发挥团队作用。而要想提高每一个员工的竞争力，并将他们的力量有效地凝聚起来，最好的办法就是对员工进行教育和培训，通过培训来增大这一个个“木桶”的容量，增强企业的总体实力。

2. 企业应注重“非明星员工”的开发

企业除了对所有员工进行培训外，更要注重对“短木板”——非明星员工的开发。

在实际工作中，管理者往往更注重对“明星员工”的开发，而忽视对一般员工的开发。如果企业过多地关注“明星员工”，而忽略了占公司多数的一般员工，就会打击团队士气，从而使“明星员工”的才能与团队合作之间失去平衡。而且实践证明，超级明星很难服从团队的决定。明星之所以是明星，是因为他们觉得自己和其他人的起点不同，他们需要的是不断提高标准，挑战自己。所以，虽然“明星员工”的光芒很容易被看见，但占公司人数绝大多数的“非明星员工”也需要鼓励。“三个臭皮匠，顶个诸葛亮”，对“非明星员工”激励得好，效果可以大大胜过对“明星员工”的激励。

软裁员：当企业想让你自动离职

随着金融危机过去，经济逐渐回暖，居住在上海的王先生以为“裁员”已经远离自己了，结果最近却遭遇了公司的变相裁员，公司为节省成本决定从上海搬到南京。在王先生与公司签订的劳动合同中明明写着工作地点是上海，怎么说搬就搬呢，王先生觉得跨城市上班不现实，在外租房费用消耗也大，于是向公司询问是否有相关住宿和日常生活方面的补助，公司表示没有特别补助，按照原来的工资标准发放工资。一些同事已透出风声，打算辞职另谋出路。走还是不走，成了这段时间困扰王先生的一桩烦心事。

在金融危机中，裁员不是什么新鲜的话题，大部分职场人士都早已做好了思想准备，然而有些企业竟然想尽办法让员工自动离职或是被迫离职，这样就不用支付赔偿费用。

软裁员是目前很多公司实现减少员工数量，节约人力成本的一种方式。软裁员的实质是公司或企业通过某些手段，迫使员工主动辞职，使得公司达到裁员的目的，又能规避《劳动法》对于裁员企业需补偿员工的规定的一种方法。

软裁员的方式主要有财务调查、制造紧张气氛、调换岗位地点、强休无薪假、骗写辞职信等，总之就是引起员工心中的不满然后自己主动辞职。

据某人力资源服务公司的调查，在企业软裁员对象中，拥有3—7年工作经验的员工受伤最深。通常拥有3—7年工作经验的员工在企业中一般担任专业技术人员和初级经理等职务，这类员工在企业中所占比例在25%左右，多数不是企业的关键员工，而其收入却比一般员工要高，因此在裁员的时候，最有可能被替代。

对企业来说，软裁员的弊端显而易见，比如具有一定的法律风险，影响自己的企业形象，丧失员工信任度和工作积极性，等等。经过数据调查，裁掉20%的员工仅会使成本下降3%，而一旦经济恢复之后，企业就需要对员工的招聘、培训等进行大量投资，得不偿失。

针对各种软裁员的方式，作为员工要采取相应的措施维护自己的劳动地位。比如软裁员的财务调查手段就要求员工平时严于律己，财务报销不能马虎，实用实报，否则会被扣上人品不好的帽子，自然很难在企业中待下去。

小贴士

如何应对企业的“软裁员”？

1. 单位擅自强行减薪，应行使恢复权

如果遇到用人单位擅自强行减薪，劳动者可通过法律途径要求用人单位足额补发工资，并加付赔偿金。除此之外，在用人单位未及时足额支付劳动报酬的情况下，劳动者可以解除劳动合同，并获得相应的经济补偿。

2. 岗位被调换，应采取拒绝权

劳动者在没有把握确定企业调岗非法的情况下，一方面应服从企业的调动决定，另一方面应及时书面提出异议。如单位要求签收调岗通知单，可在签收时注明“不同意调整岗位”字样，如有疑问，应及时找有关部门咨询。

3. 变更工作地，应有协商权

《劳动合同法》规定，用人单位在决定直接涉及劳动者切身利益的规章制度或者重大事项时，应该经过职工代表大会或者全体职工讨论，提出方案和意见，与工会或者职工代表平等协商确定。当劳动者面对用人单位搬迁等原因劝退员工时，不能只寄希望于个体维权，而应组织起来向公司提出集体协商要约。

4. 提高工作量，应采取举报权

除了用人单位以提高工作量来变相降低工资报酬外，还有的用人单位以劳动者完不成提高后的工作量为由，认为劳动者不能胜任工作，且经培训后仍不能胜任工作，从而解除劳动关系。但是，即使员工被证明不能胜任工作，公司也不能立即解除劳动合同，或者经过培训后就解除劳动合同。员工经过培训或者调岗以后，公司应对他们进行考察评估，只有证明他们还不能胜任原工作，或者不能胜任新的岗位要求，才可以解除劳动合同，且公司需支付经济补偿。

第五章

做大企业，带好团队：不可不知的经营管理经济学常识

完全竞争市场：经济学的理想假设

牛顿第一定律告诉我们："一切物体在不受任何外力作用的情况下，会保持匀速直线运动状态或静止状态。"

如果还有些印象，也许能想起这样一个实验：让一个小球从一个斜面上由静止状态滚动下来，并爬上另一个斜面，假设没有摩擦力，它就会上升到原来的高度。如果逐渐减小第二个斜面的倾斜角度，并使它最终成为水平面，小球就会沿着这个平面以均匀的速度一直运动下去。但这是伽利略的理想实验，因为在现实中无法彻底消除摩擦力，所以是无法做到的，但是这种理想实验的方法却非常重要，因为它忽略了次要因素，抓住了关键因素。

在经济学中，也有类似物理的"理想实验"。在这里，我们就要提到"完全竞争市场"。严格来说，这种市场是一种"理想市场"，在现实中是不存在的。

完全竞争市场，又称纯粹竞争市场，是指一种购买者和销售者的买卖行为对市场价格没有任何影响的市场结构。它的特点主要有四个：

1. 市场上有无数的买者和卖者；
2. 同一种产品都是同质的，没有差别；
3. 市场资源是完全自由流通的；
4. 所有人都掌握着关于市场的全部信息。

为了便于理解，我们对这四个特征做一些补充说明。既然市场上有大量的需求者和供给者，那么其中任何一个人买或不买，卖或不卖，都不会对整个商品市场的价格产生影响；既然产品都是一样的，那么对消费者来说，购买任何一家厂商的商品都是一样的；既然信息是非常充分的，那么就排除了由于信息不畅可能产生的市场同时存在几种价格的情况。价格只能是一种，否则顾客会去挑最便宜的商品。

在这样的完全竞争市场里，商品的价格将彻底由市场供给和需求决定，并且每一种商品都会在最后形成一种均衡价格，也就是当市场供需相等时的价格。

牛顿的理想实验固然无法付诸实践，但还是可以利用小球和木板进行类似的模仿。完全竞争市场也是如此，我们可以在现实中找到和其相似的市场。如鸡蛋市场，我们用完全竞争市场的四个特征来进行分析。通过鸡蛋市场，我们可以更形象地理解完全竞争市场——实际上，大多数农产品市场基本和完全竞争市场近似。

如果去菜市场，你就会发现，我们很多人都要去买鸡蛋，而且卖鸡蛋的商贩也很多，鸡蛋的大小个头没有太大的差别，只要不是坏的，没有人会特别在意买什么样的、买哪家的鸡蛋。至于鸡蛋的信息更是没有谁会刻意地去掌握。在这个鸡蛋市场里，各个摊位的价格都差不多，而且是由供需决定的均衡价格。

那么，这里还有个问题，在完全竞争市场或者近似的市场里，因为同质同价，卖方究竟怎样才能获取更多的利润呢？难道只能靠运气的青睐吗？的确，在这样的市场里，卖方完全受市场支配，竞争激烈，在产品相同的情况下，卖方就不得不在降低成本上大做文章。除此之外，卖主还要进行价格外的营销竞争，比如热情周到的服务，把鸡蛋装进盒子便于顾客提携，给鸡蛋贴上商标等，都可以吸引更多的顾客。

通过这些分析我们会发现，在完全竞争市场下的商家处于一种完全由市场支配的条件，为了获得更多的经济利益，一味由市场支配是不行的，要通过各种途径去改变这种被支配的地位，商家要提高自己的服务水平、采取各种营销手段、提高自己的产品在市场上的竞争力等方式，来避免这种完全竞争市场的出现，这样才能提高自己在市场上的占有率，从而提高经济收益。

小贴士

完全竞争市场的主要缺陷：

1. 完全竞争市场在现实生活的前提条件下很难实现。

2. 完全竞争市场会造成资源的浪费。

在完全竞争市场的条件下，使效率更高、产品更能适应消费者需要的企业不断涌进市场，而那些效率低、产品已不能适应消费者需要的企业不断地被淘汰出市场。小企业在进步和外来干扰的冲击下很容易在竞争中失败，成为完全竞争市场条件下的正常现象。

3. 完全竞争市场中完整知识的假设是不现实的。

一般情况下，无论生产者还是消费者，都只能有不完整的知识。生产者对其在现实市场中的地位、将来发展的动向以及影响市场的各种因素的信息等知识，都不可能完整地掌握。只能经常在不确定的世界中进行活动。消费者，不可能完全掌握特定市场上全部产品的情况。同时，市场信息也不可能畅通无阻而且非常准确。所以，市场参与者都不可能具有全面、准确的市场信息和市场知识，完整的市场知识只能是理论假设。

产品生命周期：产品的“生老病死”与营销

“人有生老病死”“万物皆有时限”，这些朴素的话同样适用于企业的产品，并且产品的生命周期有着自己的特点和规律。

1966 年，美国哈佛大学教授雷蒙德·弗农在其著作《产品周期中的国际投资与国际贸易》中首次提出“产品生命周期”理论，概括了一种产品从进入市场开始，直到被市场淘汰的整个过程，是产品在市场中的营销寿命。

雷蒙德认为，产品在市场中要经历“介绍（引入）、成长、成熟、衰退”4 个阶段构成的生命周期。但是，这个周期在不同的技术水平里，发生的时间和过程是不一样的，不同的技术水平之间往往存在着较大的时差。这一时差反映了同一产品在不同国家的市场中竞争地位的差异，由此决定了国际贸易和国际投资的变化。在整个产品生命周期中，其销售额和利润额的变化大体表现为如下曲线：

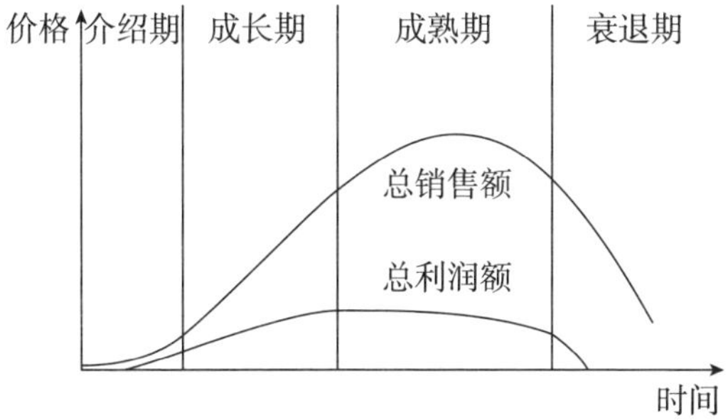

销售额与利润额变化曲线图

一般来说，产品在介绍期，销售额和利润额增长缓慢，利润多为负数；当销售额迅速增长，利润由负变正并快速上升时，进入成长期；当销售额增长放慢，利润增长停滞时，则进入成熟期；当销售额快速递减，利润也较快下降时，说明产品已经进入衰退期。伴随着产品寿命周期的各个阶段，企业也要采取相应的措施。这里特别要指出的是，当产品进入成熟期时，要对产品进行改革，增加其新用途、新特征，从而延长其寿命，避免过早地进入衰退期。

值得注意的是，不同的产品，其生命周期亦常常不同。时装的生命周期只有几个月，而汽车的生命周期已经能够达到 100 年。各种产品的生命周期的曲线形状也有差异。有的产品一进入市场就快速成长，迅速跳过介绍期；有的产品可能越过成长期，直接进入成熟期；还有的可能在经历了介绍期后，未成长起来，直接迈向衰退期，此类商品大体可视作“夭折”。

目前，随着科技的飞速发展和市场竞争的日益激烈，各个公司都在努力赶超同类产品，使得产品的更新换代不断加快，其显著特征就是产品的生命周期不断缩短。特别是在微电子、电子计算机和新材料等高科技产业，其新产品和新工艺的开发已经达到空前的速度。例如，IT 产业技术创新以 18 个月为一个周期，每过 18 个月，芯片的集成度和运算速度提高一倍，而此前的芯片价格下降一半。因此，在当今的形势下，研究产品生命周期的规律，必须与技术创新紧密地结合起来。

我们以手机市场的产品生命周期为例加以说明。

1. 介绍期

在这个过程中产品的销售量较少，而且增长比较缓慢。作为电子产品，一款新手机在进入市场后需要区分两种情况。一种是有着创新技术的新产品，某些特征属于首次出现，在营销策略上便需要及早确立市场“领头羊”的地位。一般来说，具有创新意义的新产品会获得很大的成功机会。另外一种则属于市场同质化的产品，当面对市场上的众多产品时，在介绍期应该更关注对价格的定位以及相应的推广策略。

2. 成长期

在这一时期，产品得到市场认可，销量开始快速增长。当然，如果产品没有获得市场认可，就可能立即进入衰退期，成为失败的“短命产品”。在成长期里，竞争者们虽然也发现了这块“肥肉”，但由于手机的创新技术难以马上跟进，因此，厂家依然能够保持价位，并尽力延长这个阶段。竞争品一旦出现，竞争对手就很可能改进了原有创新的不足，同时会以价格战来冲击市场。面对这种情况，作为原来的领先者，也只能通过降价来进一步激发市场份额，提高销售量。

3. 成熟期

在这一时期，产品的销售量达到了某种程度，并将放慢增长速度甚至停止增长。此时消费者对其已经有了全面认知，其销售渠道也基本达到了最大化，因此，这一时期应该是厂商最为轻松的阶段。虽然价格经过调整后已经比较低了，但由于销量较大，利润依然可观。手机的成熟期往往是该产品最长的生命阶段，厂家会通过各种形式的变化或组合来吸引新的消费者。比如，很多产品在步入成熟期后，将着重宣传原来被消费者忽视或者遗忘的销售卖点等，以实现销售量的提升。此时由于竞争产品不断增加，市场有可能出现生产过剩的苗头，而这也预示着此产品开始步入衰退期。

4. 衰退期

在这一时期，产品的销售下滑趋势无法阻止。其原因基本在于技术过时、消费者兴趣发生变化以及竞争的加剧。但是需要指出的是，有时候厂商无法清醒地认识衰退期，或者说无法接受这个事实，对已经处于衰退期的产品继续投入大量资金，结果只能是“越投入，越亏损”。尤其是像手机这样的快速消费品，降价频率快，在衰退期“清货”越慢，零售价格就会越低，就会更容易导致亏损。所以此时最好的办法就是快速降价和清货，宁肯亏一些，也要尽快处理完。

虽然产品生命周期模型提供了许多有价值的信息，但是目前这种理论仍是营销决策的辅助参考工具，而不是主要决策工具。这是由于产品生命周期的曲线变化充满了变数，产品的销售成功与否和各种外界因素有关。例如当手机销量衰退时，也许是因为覆盖的销售门店数量不够。如果这时贸然判断手机已经进入衰退期，采取“降价清库”的行为，就有可能导致利润骤降甚至亏损。因此，决策者除了借助产品生命周期理论，还需要对各种影响产品销售的因素进行全面考虑，以努力形成准确的、全方位的判断。

小贴士

产品生命周期各阶段企业应采取的营销策略：

1. 介绍期营销策略

快速撇脂战略：即以高价格和高促销水平的方式推出新产品。采用这一战略的主要条件是：（1）潜在市场的大部分人还没有意识到该产品的存在；（2）知道它的人渴望购买并且具备购买能力；（3）公司面临着潜在的竞争，试图建立品牌偏好。

缓慢撇脂战略：即以高价格和低促销水平的方式推出新产品。采用这一战略的假设条件是：（1）市场规模有限；（2）大多数的市场已知晓这种产品；（3）购买者愿意出高价；（4）潜在竞争并不迫在眉睫。

快速渗透战略：即以低价格和高促销水平的方式推出新产品。采用这一战略的假设条件是：（1）市场是大的；（2）市场对该产品不知晓；（3）大多数购买者对价格敏感；（4）潜在竞争很激烈；（5）随着生产规模的扩大和制造经验的积累，公司的单位制造成本会下降。

缓慢渗透战略：即以低价格和低促销水平的方式推出新产品。采用这一战略的假设条件是：（1）市场是大的；（2）市场上该产品的知名度较高；（3）市场对价格相当敏感；（4）有一些潜在的竞争。

2. 成长期营销策略：

（1）公司改进产品质量和增加新产品的特色和式样。

（2）公司进入新的细分市场。

（3）公司进入新的分销渠道。

（4）公司广告的目标，从产品知名度的建立转移到说服消费者接受和购买产品上。

（5）公司在适当时候降低价格，以吸引要求低价供应的另一层次价格敏感的购买者。

3. 成熟阶段的营销策略：

市场改进：用组成销售量的两个因素，为它的品牌扩大市场导致机会：销售量＝品牌使用人数量 × 每个使用人的使用率

扩大品牌使用人数量有三种方法，即转变非使用人、进入新的细分市场、争取竞争对手的顾客；产品数量可以通过设法让当前品牌使用者增加使用率来提高，即增加使用次数、增加每个场合的使用量、开发现有产品新的用途。

产品改进：经理们还应努力改进该产品的特性，使其能够吸引新客户或增加现行客户的使用量以改善销售。产品的再次推出可采用几种形式：质量改进、特点改进、式样改进。

营销组合改进：产品经理通过改进营销组合的一个或几个要素来刺激销售，主要包括价格、分销、广告、销售促进、人员推销、服务等内容。

4. 衰退阶段的营销策略

辨认疲软产品。建立辨认疲软产品的制度，公司任命一个有营销、制造和财务代表参加的产品审查委员会，由其拟定一套辨认疲软产品的

制度，根据提供的各种产品的资料，运用电子计算机程序分析，确定可疑产品。

定营销战略。公司必须对市场上坚持的时间和方式做出决定。哈里根区别出公司面对的五种衰退战略：增加公司投资；在未解决行业不确定因素时保持现有的投资水平；有选择地降低投资态势；提高利润、快速回收现金；处理资产、放弃该业务。

放弃决策。当公司决定放弃一个产品时，它面临着进一步的决策。第一，它可把产品出售或转让给别人或完全抛弃。第二，它必须决定是应迅速还是缓慢地放弃该产品。第三，它必须决定为从前的顾客保留多少部件库存量和维修服务。

奥格尔维法则：借力使力的艺术

奥格尔维法则，也称奥格尔维定律，是指如果每个人都雇用比自己更强的人，就能成就巨人公司，但如果你所用的人都比你差，那么他们只能做出比你更差的事情。奥格尔维法则适用于任何单位。不论政府、企业还是高校、医院、媒体、社团等，这个定律都颠扑不破。

美国奥格尔维·马瑟公司总裁奥格尔维召开了一次董事会。在会议桌上，每个与会的董事面前都摆了一个相同的玩具娃娃。董事们面面相觑，不知何故。奥格尔维说："大家打开看看吧，里面有很多娃娃，看看哪个是你？"于是，董事们一一把娃娃打开来看，结果是：大娃娃里有个中娃娃，中娃娃里有个小娃娃，小娃娃里面还有更小的娃娃。最后，当他们打开最里面的玩具娃娃时，看到了一张奥格尔维题了字的小纸条。纸条上写的是："如果你经常雇用比你弱小的人，将来我们就会变成矮人国，变成一家侏儒公司。相反，如果你每次都雇用比你高大的人，日后我们必定成为一家巨人公司。"这些聪明的董事一看就明白了，纷纷向总裁示意：自己就是最小的那个娃娃。这件事给每位董事留下了很深的印象，在以后的工作生涯里，他们都尽力任用有专长的人才。奥格尔维公司从此进入了高速发展的阶段。

在一个团队中，主管一般希望部下听话些，因为只有听话的部下，才能凸显自己的权威，才能按照自己的思路实施管理。所以从心理学的角度来看，可以理解招聘水平低于自己的部下。但听话的部下往往意味着没有主见或能力低下，可能带来两种效应：一是管理效率和效果大打折扣；二是这样的部下永远不会威胁到自己的职位。但一把手需要实现整个团队的发展和目标。如果每个主管都招聘水平比自己低下的部下，那么，整个团队也会出现两种效应：一是员工的服从意识都很强；二是团队的创新能力和活力很弱。整个团队显得非常循规蹈矩，按部就班，缺少激情，像一潭死水。这样的团队以及由这样的团队执行的团队目标将难有突破。相反，如果每个主管都雇用比自己更强的人，那么，这个团队就会更具活力，更具创新意识，更具突围能力，这样的企业就能成为巨人公司。一言以蔽之："用强则强，用弱则弱。"这就是著名的奥格尔维法则，又称奥格尔维定律。

美国钢铁大王卡内基的墓碑上刻着："一位知道选用比他本人能力更强的人来为他工作的人安息在这里。"卡内基之所以成为钢铁大王，并非因为他本人有什么了不起的能力，而是因为他敢用比自己强的人，并能发挥他们的长处。

齐瓦勃本来只是卡内基钢铁公司下属布拉德钢铁厂的一位工程师，卡内基在得知齐瓦勃有超人的工作热情和杰出的管理才能后，马上提拔他当上了布拉德钢铁厂的厂长。正因为有齐瓦勃管理这个工厂，卡内基才敢说："什么时候我想占领市场，市场就是我的。因为我能造出又便宜又好的钢材。"几年后，表现出众的齐瓦勃又被卡内基任命为钢铁公司的董事长，成为卡内基钢铁公司的灵魂人物。

齐瓦勃担任董事长的第7年，当时控制着美国铁路命脉的大财阀摩根，提出与卡内基联合经营钢铁。一天，卡内基递给齐瓦勃一份清单说："按上面的条件，你去与摩根谈联合的事宜。"齐瓦勃接过来看了看，对卡内基说："你有最后的决定权，但我想告诉你，按这些条件去谈，摩根肯定乐于接受，但你将损失一大笔钱。看来你对这件事没有我调查得详细。"经过分析，卡内基承认自己过高地估计了摩根，于是全权委托齐瓦勃与摩根谈判，终于取得了有绝对优势的联合条件。

卡内基曾说过："把我的厂房、机器、资金全部拿走，只要留下我的人，4 年以后我又是一个钢铁大王。"他讲这话的时候充满了自信，而这种自信来源于什么？是水平比自己高的人。到 20 世纪初，卡内基钢铁公司已经成为世界上最大的钢铁企业。它拥有 2 万多名员工以及世界上最先进的设备，它的年产量超过了英国全国的钢铁产量，它的年收益额达 4000 万美元。卡内基是公司的最大股东，但他并不担任董事长、总经理之类的职务。他的成功很大程度上是因为他任用了一批懂技术、懂管理的人才。

华尔街的大富豪 P. 摩根也是一位敢用强过自己的人作为左膀右臂的典范。

比摩根小 10 岁的萨缪尔·斯宾塞是个土生土长的美国南方人，十分精明强干。大学毕业后，斯宾塞进入巴尔的摩 – 俄亥俄铁路。由于他非凡的才能，立即担任了总裁室的特别助理，此后平步青云，不久，被提升为副总裁。恰巧此时，这条铁路由于赤字濒临破产，斯宾塞受命负责使这条铁路起死回生，他的卓越管理才能在这一过程中得到了充分的发挥。

很快，作为公司财产主要接管人的摩根就发现斯宾塞在经营与管理方面的过人之处，他觉得斯宾塞在某些方面甚至超过自己。对于求才若渴的摩根来说，最大爱好是发现人才、任用人才，因此他不会放过任何一个人才。由于很欣赏斯宾塞的才华，摩根擢升他为总裁，而斯宾塞也没有辜负摩根的一番美意，顺利地偿还了800万美元的债务。

奥格尔维法则强调的是人才的重要性。一个好的公司固然是因为它有好的产品，有好的硬件设施，有雄厚的财力作为支撑，但最重要的还是有优秀的人才。只有财、物，并不能带来任何新的变化，而拥有大批的优秀人才才是最重要、最根本的。

若想使公司充满生机活力，必须选贤任能，雇请一流人才，而不能总是害怕对方超过自己。用一流的人才才能造就一流的公司。其实，敢用比自己强的能人不仅是一个度量问题，也是一个信心与能力的问题。楚汉争霸，不会打仗的刘邦能夺得天下，是因为他有张良的谋略，萧何的内助，韩信的善战；卖草鞋的刘备能在三国鼎立中独占一席之地，是因为他三顾茅庐请得诸葛亮出山相助。只要企业领导者能知人善任，企业就不愁发展壮大。

小贴士

成功的人如何借力使力？

借力使力的妙处在于能减少自身力量的无谓消耗，减小动作幅度，加快出击速度，从而起到四两拨千斤的效果，达到不可想象的成功。

1. 借势之力

成功的人大多是符合趋势潮流的人。他们了解趋势是无价之宝，知道如何抢在消费者抵达前，到达他们所在的位置，并提供给消费者他们还不知道的事物，这就是成功。因此，如果你想在某一方面成就事业，就要顺势而为，并且会造势，抓住趋势，而不是坐等趋势，等所有的条件都成熟时再动手。

2. 借他人之力

这种借力可以说是一个双赢的局面，一般指两个人相互合作，相互利用，各取所需。

3. 借敌人之力

“秤砣虽小，四两拨千斤”本是一句武术用语，指的是用最小的力量打败自己的敌人。而如今这句话也被有智慧的人用在实际生活中。借力发力不费力，有智谋的人懂得借力发力，而这也是成功的一大法宝。

4. 借人之长，补己之短

俗话说：“尺有所短，寸有所长。”世界上没有完全相同的两片叶子，因此，即使一个再完美的人，也不可能掌握世界上所有的知识和技能；一个人再无知，也有自己的长处。因此，做人要学会尊重别人，善于学习别人的长处，借别人的智慧为己所用，弥补自己的不足。现代社会，是一个互相学习的社会，如果想获得更大的成功，就要汲取他人的优点。

因此，不管你处在哪个阶段，若想让自己站在世界的最高峰，就要学会把社会上的各种服务机构变成自己的“外脑”，借他人的智慧，增强自己的竞争力。

古人云：“下君之策尽自之力，中君之策尽人之力，上君之策尽人之智。”善于借脑的人往往能够集众人智慧于一身，办众人无法办成之事。

竞争策略：伟大的成功，需要对手的存在

在韩国电视剧《大长今》中有这样一个情节：

尚宫们为了争夺最高尚宫的名誉，各自暗暗地努力。韩尚宫和崔尚宫是对手，她们各自选择长今和今英作为自己的帮手，双方都把对方看成自己的威胁，势不两立。可是就在这时候，元子喝了姜德久的虫草全鸭汤而全身麻痹，姜德久也因此被关进了内侍府。为了救姜德久，长今不顾危险品尝人参和肉豆蔻而失去了味觉。本来这对今英来说，少了一个竞争对手应该是一件大喜事，但是今英无论如何也高兴不起来，突然没有了竞争对手，让她感到非常失落。

长今苦苦寻觅妙方，想治疗自己的味觉。很巧，她见到了正在研究利用蜂针替人治病的郑云白主簿，长今苦苦哀求郑主簿用她来做试验，在郑主簿给她打了蜂针之后，她的味觉很快恢复了。

刚刚恢复味觉的长今久久沉浸在兴奋中。这时，今英找到她，并对她说："我很高兴你的味觉恢复了。"她的话让作为竞争对手的长今感到非常惊讶，她不能理解对手为什么要对她表示真心的祝贺。今英似乎明白长今的困惑，接着告诉她说："因为你是我认定的唯一的竞争对手。"

一般人面对对手的时候，往往会咬紧牙关，变成一只红眼的斗鸡，

恨不得一口吃掉对手。其实，很多聪明的人并不会这样做，因为对手是自己前进的动力，可以鞭策自己实现改善和提高。保留对手，对自己的成长具有极强的促进作用。像上面提到的今英，就是这样一个聪明人。

其实，个体和群体前进的“助推器”就是竞争。

从科学的角度来说，竞争对人的作用，和达尔文生物进化论的观点相一致：在自然界中，到处都存在着一种竞争法则，在这种竞争法则的作用下，这个世界才显得生机勃勃。如果一个物种失去了竞争，这一物种就会失去活力，死气沉沉，并且陷入灭种的边缘。

有一位动物学家在考察生活在非洲奥兰治河两岸的动物时，发现了一个奇怪的现象：生活在河东岸的羚羊繁殖能力比西岸的强，并且它们的奔跑能力也大不一样，东岸羚羊的奔跑速度每分钟比西岸羚羊快 13 米。

经过深入的研究，谜底终于被揭开，东岸的羚羊之所以强健，是因为它们附近生活着狼群。它们为了生存，天天生活在一种“斗鸡博弈”中，因而越活越有战斗力；而西岸的羚羊之所以弱小，是因为它们缺少天敌，没有生存的压力。

一个人只有被另一个人盯着，他才不敢松懈，才会努力拼搏，不断进步，并在前进的道路上严于律己，避免错误。

一个团队只有被另一个团队盯着，这个团队才能团结一致，形成合力，并在团队与团队的竞争中处于优势地位。

一个企业只有被另一个企业或行业中的同行企业盯着，这个企业才能在行业恶劣的竞争环境中调整自我，提高管理水平，积极开发新品，努力降低成本，优化营销手段，完善产品售后服务体系。只有这样，才能使自己的企业不断战胜对手，超越对手，创造奇迹。

一个国家只有被其他国家盯着，才能使这个国家居安思危，努力加强经济和国防建设，努力增强国家的综合国力，时刻保持清醒，应付可能发生的战争威胁，使自己的国家永远立于不败之地。

由此可见，在生活和工作中出现竞争对手并不是一件坏事，相反，可能是一件好事，因为对手能使你充满活力且富有朝气。所以，我们每个人都应该学会利用竞争关系，实现个体或集体的进步。

雅典奥运会跳水男子3米板冠军彭勃，在赛后接受记者采访时说："我特别感谢两个人，一个是队友王克楠，一个是对手萨乌丁。如果今天没有王克楠到场给我的鼓舞，我的金牌就不会拿得这么顺利。我要感谢萨乌丁，是因为没想到他今天发挥得这么出色。他那么大的年龄还那样拼搏，这刺激了我更努力地去比赛。"

许多人都把对手视为心腹大患，恨不得除之而后快。其实只要反过来想一想，便会发现拥有一个强劲的对手，反倒是一种福分、一种造化。因为一个强劲的对手，会让你时刻有种危机四伏的感觉，会激发你更加旺盛的精神和斗志。

小贴士

企业如何分析竞争对手？

1. 竞争对手的市场占有率分析

市场占有率通常用企业的销售量与市场的总体容量的比例来表示。竞争对手市场占有率分析是为了明确竞争对手及本企业在市场上所处的位置。明确本企业和竞争对手相比在市场上所处的位置，是市场的领导者、跟随者还是参与者？明确在哪个市场区域或是哪种产品是具有竞争力的，从而为企业制定具体的竞争战略提供依据。

2. 竞争对手的财务状况分析

竞争对手的财务状况分析主要包括盈利能力分析、成长性分析和负债情况分析、成本分析等。通过对竞争对手的财务状况分析，可以判断本企业的盈利水平处在什么位置，进而采取相应的措施提高本企业的盈利水平。

3. 竞争对手的产能利用率分析

产能利用率是一个很重要的指标，尤其是对制造企业来说，它直接关系到企业生产成本的高低。通过产能利用率的分析，可以找出与竞争对手的差距，并分析造成这种差距的原因，有针对性地改进本企业的业务流程，提高本企业的产能利用率，降低企业的生产成本。

4. 竞争对手的创新能力分析

目前企业所处的市场环境是一个超竞争环境。所谓超竞争环境是指企业的生存环境在不断地变化。在这样的市场环境下，很难说什么是企业的核心竞争力。企业只有不断学习和创新，才能适应不断变化的市场环境。所以学习和创新成了企业主要的核心竞争力。

成本最小化：节约的都是利润

企业经营要注意节俭，就连世界知名的大企业沃尔玛都不例外。作为全球著名的零售商，“天天平价”是沃尔玛的标志，有很多人搞不懂沃尔玛经营成功的秘密，因为从商品价格来看，它的利润并不是非常大，而且企业大，成本也很高。实际上，沃尔玛的成功之道在于控制成本，他们坚信：节约的都是利润。

沃尔玛的成功，离不开它的严格管理，离不开“俭”，严格控制管理费用，节省成本贯穿在企业经营的每一个环节，比如：

——在公司里，从来没有专门用来复印的纸，用的都是废报告的背面；

——沃尔玛的办公室都十分简陋，而且空间狭小，即使是城市总部的办公室也是如此；

——出差的员工所住的地方，只不过是能够洗澡的普通招待所；

——一旦商场进入销售旺季，从经理开始所有的管理人员全都到销售一线，以节省人力成本。

这样的节俭措施在沃尔玛不胜枚举。而这种理念的贯彻者，正是创始人山姆，尽管他已经是亿万富翁，但节俭的习惯从未改变，没购置过一套豪宅，经常开着自己的旧货车进出小镇，每次理发都只花 5 美元——

当地理发的最低价，在外出时经常和别人同住一个房间。

沃尔玛不浪费、不铺张，严格控制管理费用，将每一分钱都花在需要的地方。勤俭才能持家，同样，也只有勤俭才能经营好企业。沃尔玛赢在“吝啬”，赢在勤俭。

当然，沃尔玛也有“阔气”的时候，那就是在兴办公益事业上。山姆·沃尔顿为大学生设立了多项奖学金，而且还向美国的5所大学捐出数亿美元。

在商业社会中，利润是支持企业发展的最大动力，也是企业追求的最终目标。一直以来，如何获取利润是备受关注的话题。对于企业来说，利润是赖以生存的生命线，企业的每一项举措都是为了增加利润，企业的存在就是为了赢利。

除了企业产品在市场上的利润空间，影响盈利最重要的因素就是成本费用，获得同样的收益时，如果你付出的成本越多，自然盈利就越少。因此成本控制成了现代企业的管理精髓。

所谓成本控制，是企业根据一定时期预先建立的成本管理目标，由成本控制主体在其职权范围内，在生产耗费发生前和成本控制过程中，对各种影响成本的因素和条件采取一系列预防和调节措施，以保证成本管理目标实现的管理行为。

再庞大的企业也是由每一台机器、每一份材料加上每一名员工组成的，如果每一名员工都能爱护机器、节约材料，那么企业必然能走得远；反之，资本再雄厚的企业也经不起长期浪费的消耗。节约成本是一句很宽泛的话，说起来很容易，但是真正做起来就需要每个员工的细心和耐心。创收的功劳常被称赞，而节支的贡献有时候却不为人知。但是，有多少人真正注意到节约对于企业的意义呢？

勒纳是一家中型公司的新任部门经理。作为专门为公司各部门服务的后台部门，勒纳自然没有利润指标的压力。但是，他并不这样想。他发现公司的对外宣传手册，多年的惯例是分春、秋两次印制，每次的数量都不大。宣传手册内容的调整基本都在年底。勒纳根据以往的工作经验知道，如果两次印制并为一次，单本宣传手册的成本会大幅降低。而且，公司的资料室并未满负荷运营，基本不会增加储存成本。于是勒纳果断地在春季印制了全年的宣传手册，仅此一项，便为公司节约了数千美元。

勒纳还要求本部门的所有员工增强成本意识。员工们都被勒纳的精神带动起来，努力寻找进一步控制不必要开支的途径。一年下来成效显著，为公司节约了数十万美元的成本。当年，公司的营业收入与上一年度相比并无增长，但利润增长了20%，而这20%的利润增长，基本是没有利润任务的勒纳的部门贡献的。老板非常高兴，勒纳被提升为公司副总，部门的所有员工都多拿了奖金。

“节约每一张纸”的口号看似简单，实则蕴含深刻的内容，它是企业增加利润的起点。不能小看一只蝴蝶扇动翅膀这样微小的动作，它甚至能引起巨大的自然灾害。因此，简单地从节省每张纸做起，你的行为或许能使一个公司扭亏为盈，当然，你也可能从中得到回报。在企业的发展过程中，成本的产生无处不在，用心观察，你的举手之劳改变的将不仅仅是企业的利润。

琼斯是纽约地区一家锅炉厂的采购员。由于企业准备进一步扩大规模并提高产品质量，以增强市场竞争力，董事会研究准备从俄亥俄州引进一批优质钢材。公司决定派琼斯去和俄亥俄州方面联系并采购这批钢材。

琼斯的同事都很羡慕他能有这次机会，因为这次公司采购的份额很大，只要在财务上略施小计，肯定能捞不少外快。但琼斯对于同事们的“好心”劝说，只是一笑置之。

到了俄亥俄州后，琼斯并没有直接去找供货商联系，而是先到钢材市场做了一些深入的调查，其间他遇到了几个同行。大家在一起交流之后，琼斯发现自己所要采购的这批钢材的市场价格比供货商开出的价格要低5个百分点。于是琼斯更加深入地对市场做了进一步的分析，很快得到了供货商的价格底线。

琼斯并没有隐瞒这个事实，立即将自己所掌握的信息向公司做了汇报。在接到公司要求琼斯全权负责的通知之后，他开始找供货商进行谈判。由于已经对市场作了调查，琼斯并没有被供货商的花言巧语所迷惑，而是坚持自己的价格。在最后签订合同的时候，供货方对琼斯说了一句话：“作为一名公司的采购员，您真了不起。如果有机会，我们愿意聘请您作为我们公司的财务部门经理。”

这件事传开以后，基于琼斯对公司所做出的贡献以及对工作认真负责的态度，他很快受到了公司的重用，被任命为财务部门副经理，此后在职场上发展得也很顺利。

作为采购员，以权谋私是件很容易的事，从中拿回扣似乎是“合理的”“正常的”。应该怎么选择，这就要看每个人的价值取向是短暂的意外之财还是长久的能力认可。因此，聪明人不会被一时的小财小利蒙蔽头脑，从长计议才是明智之举。日久见人心，总有一天，你的所作所为会得到认可和回报。

在企业发展战略中，成本控制处于极其重要的地位。如果同类产品的性能、质量相差无几，决定产品在市场竞争中的主要因素是价格，而决定产品价格高低的主要因素则是成本。因为只有降低成本，才有可能降低产品的价格。

在企业经营过程中无处不涉及资源的消耗和费用的支出，作为企业的一名普通员工想为企业节约开支其实很容易。只要每个员工从小事做起，从节约一张纸做起，集腋成裘，长此以往，因节约成本而增加的利润是惊人的。工作过程中关注身边那些不起眼的小事，比如随手关灯，随手关掉不用的电器，随手拧上水龙头，随手关掉计算机、打印机、空调、饮水机……举手之劳，却可以体现一个人的文明素质和公德意识，拥有这些文明素质和公德意识的企业是具有发展前途的。

这是一个微利的时代，节约每一项费用，无疑都会为企业增加利润。这也只是为企业创造利润的一个方面。那么怎样才能在微利的时代创造高利，才是关系企业生存的根本问题。企业要想更好地发展，更快地适应这个社会，不被社会淘汰，控制生产的成本才是更有效的手段，总之是两个字：节约！不同的是，这次是成本的节约。

追求利润是企业管理永恒的主题，也是每位员工都要关注并且努力实现的目标。为了实现这个目标，每位员工都要从身边的小事做起，以企业利益为重，节约每份资源，节约每项成本，从而达到提高效益、增加利润的目的。

小贴士

企业如何节省成本？

有调查称，办公成本占企业营运成本的75%以上，因此，企业节省成本应该先从节省办公成本入手，应遵循以下原则：

1. 办公总成本要降低，而单项成本可以有升有降，最终要确保办公的效率不受降本的影响。

2. 尽量减少硬件投入，采取“共享”的办法。

3. 提高企业经营的资本周转能力、流通能力和财务监控能力。

4. 简化办公流程，减少办公消耗。

5. 选择合适的媒体自我宣传和传播。

6. 外包专业服务而不是自己雇用专业人员。

7. 量力而行，参加电子政务、电子海关、电子商务以减少有关费用。

激励机制：理解员工的偏好，完善现代企业制度

企业领导人在经营过程中，如果要设计一个有效的激励机制，必须抓住的关键就是理解员工的偏好。当人力资源主管在建立各种激励机制时，必须能够预见激励对象对此会做出怎样的反应，无论设计薪酬制度，还是出台招聘、解雇、职称、职位、工作环境等政策，只有深入理解他们的偏好，才能找到符合企业发展需求的最优方案。

按照传统经济学有关个人偏好的假设，即人们喜欢“收入越多越好，工作越少越好”，并且收入越多，收入的边际效用越低，工作越多，工作的边际成本反而越高。因为一个人工作需要付出成本，所以企业要给予补偿。因为一个人在乎收入，所以企业可以调动他的积极性，这样才有办法监督他、制约他。

从这些简单的假设中，一名合格的领导者应该至少可以读出薪酬激励的三种含义：一是工资水平必须随着工作量的增加而递增。当工作量、工作时间、努力程度等工作成本不断增加时，多出部分的工资率一定会相应地越来越高，通常加班费高于正常工资就是这个道理。二是收入越高激励成本也就越高。收入水平越高，要调动其积极性就越困难。如果员工的工资水平越高，企业为他提供的预期收入也就应该越高。三是确定的收入和不确定的风险收入不是等价的，承担风险越大的人需要得到的补偿越多。

理解了这些，企业在用人时要注意，把害怕风险的人放在固定薪水

的位置上，而把愿意承担风险的人放在收入波动较大的位置上，这样可以使企业的平均工资水平下降。创业阶段企业面临的风险特别大，因此创业型企业在招聘人才时需要支付的风险成本就相对较高。但随着企业逐步进入成熟期，创业者们的收入越来越稳定，这时他们的平均工资虽然绝对值是上升的，但增长速度会降低。同样在企业内部，当上马新项目、开拓新市场、销售新产品时，企业要支付给相关人员的预期收入就应该相对较高，而在非常成熟、客户稳定的市场中，相关人员就可以接受相对较低的收入。

以色列心理经济学家丹尼尔·卡内曼对偏好的假设有所不同，正因在“研究不确定状态下人们如何做出判断和决策”方面做出的突出贡献，卡内曼和实验助手得出一个结论：人们在收入水平低于预期时的痛苦指数大大高于收入水平高于预期时的快乐指数。所以企业的薪酬制度应有标准可依，让员工心里有底，俗话说得好：“家里有粮，心里不慌。”

另外，如果员工喜好稳定，并且比较在乎日常制度，日常细节，那么不宜对这些员工做出强烈刺激，采用处罚的办法要比奖励的办法更见效，当然，如果决定采用升职、加薪等奖励的办法，在做出这种决策时务必特别谨慎。

通常人们最在乎的是自己已经得到的东西，而且占有的时间越长，失去时的痛苦就越大。所以如果某个位置空缺，你可以先给他一个代理职务，如果不合适还可以随时撤换，但如果是正式任命，想换就要颇费心思了。同样，在制定薪酬制度时，收入波动较大的企业如果想把浮动的收入变成固定的收入，一定要谨慎考虑，否则当业务进展不顺利时再想把固定收入降下来就会非常困难，企业在这方面的灵活性就会受到限制。

在了解员工偏好和通识管理基本常识的基础上，制定的制度对员工和企业来说是双赢的。这是制定激励制度的首要原则。

小贴士

企业建立科学激励机制的原则和方法：

1. 按需激励

激励的起点是满足员工的需要，不同的员工具有不同的需求，即便是同一位员工，在不同的时间或环境下，也会具有不同的需求。因此，管理者必须深入调查研究，不断了解员工的需要层次和需要结构的变化趋势，有针对性地采取激励措施，尽量满足员工的不同需求。

2. 赏罚适度

奖励和惩罚不适度不仅会增加激励成本，而且会降低激励效果。具体来说，奖励过重会使员工产生骄傲和满足的情绪，失去进一步提高自己的欲望；奖励过轻则起不到激励的作用，或者让员工产生不被重视的感觉。惩罚过重会让员工感到不公平，或者失去对组织的认同，甚至产生怠工或破坏的情绪；惩罚过轻则会让员工轻视错误的严重性，从而可能再犯同样的错误。

3. 赏罚公平

如果激励不公正，奖不当奖，罚不当罚，那么不仅收不到预期效果，反而会造成许多消极后果。所以，对于取得同等成绩的员工，一定要获得同等层次的奖励；对于犯同样错误的员工，也应受到同等层次的处罚。正如韩非子所说："诚有功，则虽疏贱必赏；诚有过，则虽近爱必诛。"如果做不到这一点，管理者宁可不奖励或者不处罚。

4. 激励公开

在运用激励杠杆时，应当提高员工奖惩的透明度。在奖励员工时，要将奖励原因、奖惩办法、获奖人姓名及其工作业绩等信息，通过合理的方式公之于众，这样既能激励广大员工向先进人物学习，又能让奖励情况接受公众监督。在惩罚员工时，要说明惩罚依据，员工如有不服，应当允许其申诉。

5. 物质激励和精神激励相结合

物质需要是员工最基础的需要，是最低层次的需要，其激励作用是表面的，激励深度是有限的。因此，随着生产力水平和人员素质的提高，应该把重心转移到以满足较高层次需要，即社交、自尊、自我实现需要的精神激励。坚持物质激励和精神激励相结合，既要反对过度依赖物质激励，以免导致拜金主义；又要反对过分迷信精神激励，以免走向唯意志论或精神万能论。

6. 内在激励与外在激励相结合

根据美国学者赫茨伯格的“双因素理论”，凡是满足员工生存、安全和社交需要的因素都属于保健因素，保健因素又称外在激励因素，包括工资、奖金、福利和人际关系等方面，其作用只是消除不满，但不会产生满意。凡是满足员工自尊和自我实现需要的因素都属于激励因素。激励因素又名内在激励因素，最具有激发力量，可以让员工产生远远大于外在激励的成就感或自我实现感。因此，管理者在运用激励杠杆时，应当以内在激励为主，同时将外在激励与内在激励相结合，以达到最佳的激励效果。

扁平化管理：提升管理效率

在20世纪90年代后期，杰克·韦尔奇被称为“全球第一CEO”。1981年，当他就任通用公司首席执行官时，公司机构臃肿，从董事长到现场管理员之间的管理层数目，多达24—26层，管理非常混乱。杰克·韦尔奇上任后，顶住各方压力，对企业内部进行扁平化改造，使公司管理层级数锐减至5—6层，彻底瓦解了自20世纪60年代就深植于组织内部的官僚系统，不但节省了大笔开支，更极大地提高了管理效率，企业的经济效益因此大幅提高。

杰克·韦尔奇使用的是扁平化管理。所谓扁平化管理是指通过减少管理层次、压缩职能部门和机构、裁减人员，尽可能减少企业的决策层和操作层之间的中间管理层次，以便企业快速地将决策权延至企业最底层，从而为提高企业效率而建立的富有弹性的新型管理模式。它摒弃了传统的金字塔状的企业管理模式的诸多难以解决的问题和矛盾。

相对于传统的金字塔状的企业管理模式而言，扁平化管理存在以下几点优势。

第一，企业管理层次大大减少，控制幅度大大扩展。信息化、网络化技术的发展，健全的规章制度和流程化管理的形成，使企业的管理幅度得到扩展，企业的中间管理层次也就相应地缩减，而扁平化管理就是将原先承担上传下达任务的中间管理层次减少。如海尔集团将原来的职能结构转变成流程网络结构，垂直业务结构转变成水平业务流程，使企业达到“三个零”，即顾客零距离、资金零占用和质量零缺陷，大大提高了企业的运行效率。

第二，企业适应市场变化的能力大大提高。金字塔状的企业对快速变化的市场反应迟钝，而扁平化管理的决策触角直接伸向市场，能根据瞬息万变的信息及时决策，并能立即得到响应和执行。如IBM公司将原来“中央集权”的金字塔变为一种扁平形的组织结构后，曾经因为机构臃肿而变得步履蹒跚的IBM公司对市场的敏感度和适应性大增。

第三，分权管理成为一种流行趋势。金字塔状的企业实行的是绝对集权管理，要求下属绝对地服从上级的命令、听从指挥。而扁平化的企业实行的是分权管理为主，权力中心下移，各基层组织之间相对独立，尽量减少决策在时间和空间上的延迟，这将提高决策的民主化和决策的效率。

第四，优秀的人才资源更容易成长。金字塔状的企业中，各个管理层和操作层被动地接受和完成任务，在缺乏主观能动性的环境中长期被教化，成长的周期要长一些，能成长起来的人才要少一些。但一个企业家无法组成优秀的企业，需要一大批人才优化组合才能支撑一个优秀的企业。扁平化管理中，仅有的几个层次的管理人员尤其是一线管理人员必须直接面对市场，独立行使众多原来由高层拥有和行使的职能，对管理人员的组织管理能力和决策能力提出了更高的要求，在实战中更容易较快成长起来，也更容易形成彼此互补、彼此合作的团队。

“扁平化管理”如今已在世界范围内被广泛应用。以产品销售渠道的扁平化为例，传统的销售渠道是多层次批发，渠道层次多，环节多，渠道长，渠道链上的经销商数目呈指数级发散，这是一种典型的层级结构组织形式。但当前大多数优秀企业已经摒弃了这种渠道形式，而代之以扁平化的渠道形式。扁平化趋势表现在：渠道层级减少，渠道缩短，而渠道宽度大大增加。

扁平化销售渠道最显著的特点：一是渠道直营化，二是渠道短宽化。

在互联网出现之前，市场信息的传递只能通过电话、传真、信函等方式进行，公司难以对众多经销商提供的、来自市场的大量原始信息进行处理，企业的信息反应能力极其缓慢。在当时的情况下，金字塔形的渠道结构有利于信息的处理。但是，随着世界性经济结构的调整和科技的进步，如今，企业规模已不再是决定企业最终命运的决定性力量，灵活性和适应性将成为决定企业参与市场竞争成败的关键。特别是随着信息技术的发展、电子商务的出现和知识经济时代的到来，今天的企业所处的经济环境已经发生翻天覆地的变化。在多媒体技术、网络传输技术、卫星通信技术等现代高科技手段的有力支撑下，依靠功能强大的办公软件、营销管理软件等应用软件，能够轻松地实现对大量数据信息的集中快速处理，在第一时间将企业所有的高价值信息传递给高层决策者、供货商、经销商与合作伙伴，实现“一网打尽”。

这就从根本上动摇了经典管理理论中“管理幅度”论的理论基础，使许多原来仅起到“信息中转站”作用的中间管理层完全变得多余，这在一定程度上促使许多企业开始推行“扁平化管理”，即当企业扩大规模时，原来加强管理的思路是增加管理层次，而现在的思路却是增加管理幅度。

综上所述，扁平化管理不只是要节省开支，更重要的是要改善管理的功能。扁平化不仅为组织节省了费用，而且加速了组织内部的沟通，将原本属于企业的“控制”与“责任”交还给了企业自身。

小贴士

企业管理实现扁平化的方法：

1. 减少机构，减少层级，精减人员的前提是把工作项目进行梳理，把流程进行明确固化优化。

2. 明确部门职责，制定年度、月度工作计划表。这项工作看起来简单，却是往往做不到位的工作。就平常的交流而言，很多部门都是被“牵着鼻子走”，都是“按照领导的安排”，不去主动掌控，而是被动接受。领导与下属之间缺乏及时有效的沟通，都是电话安排、口头布置、临时通知，信息传递不及时、不全面，工作质量肯定大打折扣。

3. 建立岗位说明书体系，尤其是任职资格体系，不能简单地用“学历 + 专业 + 工作年限”的硬性评价指标，软指标如学习能力、人际沟通、职业品德等也需要考虑。建议人员选拔和任用由部门经理负责，人力资源部提供支持。

华盛顿合作规律：避免团队内耗

大家都知道“三个和尚没水喝”的故事：一个和尚挑水喝，两个和尚抬水喝，三个和尚没水喝。这个小故事与“华盛顿合作定律”不谋而合，反映了东西方智慧对合作过程中低效、内耗的共同认知。

“华盛顿合作定律”说的是：一个人敷衍了事，两个人互相推诿，三个人则永无成事之日。这一定律揭示了合作过程中人与人之间冲突、办事效率低下甚至无效的结果。把多只螃蟹放进一只竹筐里，不用盖上盖子，它们也是无法爬出的，因为只要有一只向上爬，其余的就会用自己的钳子将它拉下来，最后没有一只可以爬出来。这同样是华盛顿合作定律反映的问题。

在我们合作的过程中，经常会出现敷衍了事，互相扯皮推诿等现象。我们首先要解决的问题就是，为什么会出现这种现象？其实原因很简单，就是责任不清，分工不明。如果寺庙里的三个和尚都有自己明确的责任和分工，就不会出现没水喝的情况。

我国古代寓言故事《滥竽充数》里的南郭先生，在大家一起吹竽演奏的情况下，他可以浑水摸鱼蒙混过关，而当齐宣王去世，继位的闵王提出一个一个进行演奏的时候，他就只能灰溜溜地逃走了。因此，明确的责任分工是对付那些敷衍了事、推诿扯皮之人最好的办法。同时，合作不是人力的简单相加。如果你认为一个人有一分的能力，十个人合在一起就会有十分的能力，那么你就错了。有时候，一个人 1 分钟可以将一个房间收拾得干干净净，但三个人 20 秒钟就可能什么都做不成。

面对“华盛顿合作定律”提出的问题，我们要做的就是明确自己的目标是什么，让每个人都知道自己应该做些什么。尤其在一个企业或其他组织里，要让每一名员工明白自己应该做些什么，而明确的分工正是对付“南郭先生”最有效的办法。因此，在企业或组织内部进行职务设计，明确个人分工是非常必要的，只有这样做，才能充分发挥员工的潜在能力和积极性、创造性，同时也能发现究竟是谁在敷衍了事，是谁在扯皮推诿。

在与人合作的过程中，应该学学北极熊。北极熊是一种善于合作的动物。它常常与北极鸥、北极狐一起合作捕猎海豹。开始捕猎时，北极鸥先像侦察机一样在冰面上飞行。当它发现海豹后便飞回到北极熊的上空，引导北极熊和北极狐向目标前进。来到目标附近后，北极鸥便飞到海豹的上空吸引海豹的注意力。这时候，北极狐也跑过来在离海豹很近的地方打滚转圈，逗引海豹。当海豹完全被眼前的表演吸引时，北极熊便悄无声息地来到它身旁，一举将它捕获。有趣的是，北极熊在饱餐一顿海豹肉后，总不忘给自己的合作伙伴留上一些。这样的做法是使这种合作得以延续的根本保证。

既然互相帮助、团结协作是我们合作学习的本质，那么就要求团队成员对合作伙伴友善，并予以帮助。在合作学习中，要正确认识到自己与集体的关系，自觉对集体负责，主动参与讨论学习，克服消极等待或依赖别人的思维惰性。

我们还要学会倾听、分析别人的见解。在合作交流中学会倾听别人的意见，抓住关键，听懂别人的意思，并认真听取别人的意见，调整自己的观点。同时，还要发表自己的观点，表达自己的意见。即在合作中，既要坚持自己的意见，又要听取别人的意见。

另外，要加强合作中的独立思考。这样你对问题的思考才会更深入，才能选择更好的表达方式。因此，在合作学习中要有充足的独立思考时间，经过自己的观察、操作和独立思考，再进行合作交流，才能实现高质量的合作。

在古希腊曾流传着这样一句名言："你有一种思想，我有一种思想，我们两个人交换，每人就有两种思想。"这句名言道出了合作的重要性。现代社会是一个需要合作的社会，人们也越来越重视对合作的研究，因为只有学会合作，才能有效地遏制"华盛顿合作现象"的发生，才能避免团队内耗，发挥团队最强的战斗力。

小贴士

团队发展过程与团队合作的特点：

华盛顿规律告诉我们团队合作的重要性。在企业中，虽然每个人都在独立地工作，但是他们中的大多数人往往隶属某一个常规的小组，来共同完成某项任务。在这个常规小组中，他们的努力必须彼此协调一致，就像拼图游戏中的每个组成模块一样。当员工之间的工作相互依赖时，他们作为任务团队一起工作，并试图营造合作的气氛，这就是团队合作。

1. 组成阶段

团队初创阶段，这时每个成员都显得很有礼貌。有冲突不直接说出口，以个人为中心，这其实对团队有破坏性。由于团队是新建的，每个成员都以自己的观点为准则，大都保守固执。确切地说是非常紧张，有的成员可能无法正常工作，整个团队有顺从团队领导强权的倾向。

2. 磨合阶段

这一时期，人际关系变得紧张起来，个别新锐试图挑战领导者的权威，强大的工作压力使人焦虑不安，严重的时候甚至会引发内部冲突。在这种情况下，团队前景更显扑朔迷离，士气陷入低潮，积极的队员都在适应和摸索解决问题的方法。但团队整体的生产力水平却在稳步提高。

3. 规范阶段

团队成员逐渐习惯在一起工作，内耗逐渐减少，新的合作精神出现，每个成员在表达自己的观点时有了安全感，而这些观点也会在团队内公开讨论。最明显的进步是成员之间开始互相听取别人的意见，全队的工作方法固定下来并得到认可。

4. 履行职能阶段

这是团队建设的高峰，团队中已经形成了一种制度，容许人们自由、坦诚地交换意见，团队会最大限度地支持每个成员和团队的决策。对于出现的问题齐心协力共同解决，将个人能力融入团队建设中，全面体现团队的精神实质，工作效率也大大提高。

就履行职责而言，开始时团队水平会比个人总水平低一些，接着会突然跌入谷底，再从规范阶段攀爬到一个新的履行阶段的水平，此时的水平会比开始时高。这一履行水平提高的主要原因是团队的合作精神不是简单的人员组合。

蓝海战略：如何让企业杀出重围

蓝海战略是一个新兴的经济名词，是针对红海战略而言的。在经济竞争的过程中，市场空间假设由两种海洋组成：一是红海，二是蓝海。前者代表目前已存在的一切行业，即已知的市场空间；后者代表尚未出现的行业，即未知的市场空间。在竞争过程中，传统意义上呈收缩趋势的竞争市场通常是“红海战略”的特征，而蓝海战略要求企业突破这种传统的“血腥”竞争，去拓展一个新的非竞争性的市场空间，即蓝海战略的侧重点是创造需求与突破竞争。

19世纪50年代，美国西部发现大片金矿，无数做着发财梦的人如潮水般涌向荒凉的西部。有个20岁出头的小伙子李维·斯特劳斯也抵挡不住黄金的诱惑，放弃了厌倦已久的文职工作，加入浩浩荡荡的淘金人潮中。

李维来到旧金山，由于淘金者甚多，他当机立断，放弃从沙土里淘金，改从淘金者身上淘金。他在当地开办了一家销售日用百货的小店，生意十分兴旺，但是所采购的大批搭帐篷、马车篷用的帆布却无人问津。为处理积压的帆布，李维试着用其裁做低腰、直腿筒、臀围紧小的裤子，兜售给淘金工，由于比棉布裤更耐磨，大受淘金工的欢迎。李维的裤子不胫而走。李维变卖了小百货店，开办了专门生产帆布工装裤的公司。就这样，李维开创了历史——牛仔裤诞生了。

在鼎盛时期，李维斯牛仔裤在美国市场一年就可以卖掉5亿条。

这是“蓝海战略”的一个经典案例。身处红海的企业如果想战胜竞争对手，就要像李维一样攫取已知需求下的更大的市场份额，而当市场空间因竞争变得拥挤时，任何企业的利润增长都将减缓甚至停止。在红海中，通常市场上的产品都是常规商品，竞争者们采取价格战等恶性竞争方式，也让红海变得更加血腥。

蓝海是指未开垦的市场空间，在这里存在创造需求和实现利润飞速增长的机会。在现实中，有一些蓝海是在现有的红海领域之外创造出来的，可这并不会妨碍蓝海战略的作用，还有绝大部分蓝海是通过扩展已存在的产业边界形成的。

尽管还有不少人对蓝海感到新鲜与陌生，但它在我们身边由来已久，是过去、现在和未来一切经济生活固有的组成部分。企业如果想在充满竞争的红海中生存发展，最佳选择就是在红海市场外开辟一片蓝海市场，也就是开发出新的市场空间，创造出新的市场需求。

创新产品，挖掘和引领顾客的需求，在今天的红海战略中已经被许多企业作为战略手段采用。尽管这种追求差异化的手段在一定的时间内实现了某种垄断，可是从长远来看，最终还是无法摆脱竞争的宿命。此外，在蓝海战略取得成功后，必然会出现竞争对手跟进与模仿的现象，这时蓝海又会在短期内变成红海，所谓的蓝海也就成为昙花一现，因此蓝海的战略家就要继续开发新的蓝海。由于企业的内外环境不断变化，再加上未来环境的不可预知性，蓝海在发展到一定的程度后，也极有可能进入“死海”。

可以说，竞争是企业的宿命，也是一种市场游戏规则。企业如果想实现可持续发展，就不能只追求利益，忽视其他社会群体，而应该将社会责任扩展到整个社会关系。

小贴士

企业如何在竞争中开发属于自己的"蓝海战略":

1. 剖析蓝海战略的意义还在于他们提出的创新和价值创新战略，其战略的行动能够为企业和买方都创造价值的飞跃，使企业彻底摆脱竞争对手，并将新的需求释放出来。蓝海战略为企业参与竞争提出了鲜明的市场指导原则：要么创新，要么死亡，这是永恒的企业生存法则。

2. 唯有基于客户价值的创新才是奠定企业"蓝海"战略的基石。有无战略行动是区别开创"蓝海"成功者和失败者的一贯因素。战略行动的逻辑是不把精力放在打败竞争对手上，而是放在全力为买方和企业自身创造价值的飞跃上，并由此开创新的、无人争抢的市场空间，以彻底甩脱竞争对手。

3. 开创"蓝海"的成功者和失败者之间没有明确的界限。只有当企业把创新与效用、价格、成本整合在一起时，在基于为客户创造价值，并能实现这种价值的"差异化"或"低成本"时，你可能就会让市场的先驱者落到为你做嫁衣的地步。

"蓝海战略"向企业经营者勾勒出很多产业共有的规律：一是没有永远卓越的产业；二是没有永远卓越的企业；三是开创"蓝海"不等于技术创新，其关键点是价值创新。

第六章

你不理财，财不理你：不可不知的投资理财经济学常识

复利：威力堪比核裂变的财富增值工具

如果你现在有 1 万元，通过适当的理财工具，每年收益 10%，那么 20 年后，这笔钱最后连本带利会变成 6.73 万元。也许对这个数字，你并不会感到吃惊，但你有没有想过如果这个时间是 50 年，那最后连本带利的投资总额又是多少呢？

10 万？ 20 万？都不对，实际上是 117.39 万，这个数字就有些惊人了，经过 50 年，原来的 1 万元，就变成了近 118 万。这就等于说，一个 22 岁的工薪族，投资 1 万元，每年收益 10%，等 50 年后，也就是他 72 岁的时候，就已经是个百万富翁了。如果每年的回报率更高，那么需要的时间会更短。

你或许会问，究竟是什么东西让1万元发生了如此巨变，答案是复利。

复利的特殊之处在于其计算方式，它将本金及其产生的利息一并计算，也就是人们通常所说的“利滚利”。复利计算的特点是：将上一期的本利之和作为下一期的本金，在计算时每一期本金的数额是不同的，其计算公式就是：

本利和 = 本金 ×（1+ 年报酬率 %）的 n 次方，其中 n 为设定的投资年数。

在复利的条件下，例如每年投资 1 万元，选择的理财工具的年报酬率为 10%，那么第一年的本利之和就是 11000 元，即 10000 元的本金加上 1 000 元的利息。而第二年的投资本金就是 1 万元再加上第一年的 11 000 元，也就是将第一年的获利 1 000 元并入本金继续投资，因此第二年的本利和就是 21 000 元 ×（1+10%）为 23 100 元，第三年再以 33 100 元继续投资，如此进行下去，20 年后本利之和将达 63 万元。如果以 20 年的本金总和 20 万元来看，那么在 20 年间其总体投资报酬率超过了 300%，与最初每年投资报酬率 10%（单利）相比，复利的威力可见一斑。

复利的威力确实是巨大的，就连爱因斯坦都说："复利是世界第八大奇迹。"如果将复利和货币的时间价值结合起来，将投资升值比喻为核裂变也不为过。

关于复利，还有一个简单的"72 法则"，是用来估计将投资倍增或减半所需的时间，反映出的是复利的结果。计算所需的时间时，把相应的数字除以预期增长率即可。例如：假设最初投资金额为 100 元，复息年利率 9%，利用"72 法则"，将 72 除以 9（增长率），得 8，即需约 8 年时间，投资金额就可以滚存至 200 元（两倍于 100 元），而准确所需时间则为 8.0432 年。如果复息年利率为 18%，那么，将 72 除以 18，得 4，也就是只需 4 年就可以让投资金额翻倍。

复利的威力，还可使我们得出如下惊人结果：

如果存 1 万元，每年 20% 的利率，按复利计算，40 年后变成多少钱？答案是 1 469 万元。

如果我们存 1.5 万元，每年 20% 的利率，按复利计算，我们什么时候会变成亿万富翁？答案是 41 年后我们会成为亿万富翁。

事实上，只要有投资报酬率的理财工具，再配合时间的累计，都会产生相应的复利效果。因此评估复利效果的关键不在于理财工具本身，而是在于投资报酬率高低和时间长短，也就是说只要是具有投资报酬率的理财工具，加计投资的时间后，都可以产生复利效果。

货币的时间价值是指当前持有的一定数量的货币要比未来的等量货币具有更高的价值。也就是说，今天 1 元钱的价值会大于 1 年后 1 元钱的价值。这是因为如果将现在的一笔钱存到银行或者购买国债，一年后起码还可以有利息收入。而且，其中还有通货膨胀的因素。当人们进行理财时，肯定要考虑物价因素，通货膨胀率越高，人们要求的回报就应该越高，以此来弥补物价上涨的风险。例如银行的年利率是 5%，若通货膨胀率是 10%，那么你将钱存在银行的实际收益率将是 –5%。因此，你的收益不仅取决于银行利率，还取决于通货膨胀率。通货膨胀率越高，人们要求的回报率就越高，因为这样才能得到补偿。再者，投资总会面临各种不同的风险，投资的风险越大，回报率就必须更高才能吸引投资者。若购买债券的收益率是 5%，购买股票的预期收益率也是 5%，那么人们就不会去买股票，因为股票的风险大于国债。除非股票能够提供高于国债的回报率，比如可能会得到 20% 的回报，人们才有可能去购买股票。

据测算，现在 100 元人民币的购买力可能只相当于改革开放初期的 25 元左右，如果再算上资金的机会成本和它们带给人们心理上的满足感，那么这些年来货币的贬值幅度更大。对于货币的时间价值，我们可以更直观地表示出来：

现金流值（PV）和终值（FV）之间的关系，用利率 K 和期数 t 来表示为公式：

FV=PV（1+K）t

那么，今天的 100 元人民币（FV），在通胀率为 4%（K）的情况下，相当于 10 年（t）后的多少钱呢？答案是 148 元左右，也就是说 10 年后的 148 元相当于今天的 100 元。

了解了复利和货币的时间价值，每个普通工薪族都可加以利用，使自己成为富人。方法其实很简单，只要你始终如一地坚持以下三个原则，相信若干年后你也会成为百万富翁中的一员。这三个造就百万富翁的原则就是：

第一，先储蓄，后消费，每月储蓄 30% 工资；

第二，坚持每年投资，投资年回报率保持在 10% 以上；

第三，坚持 10 年以上持续不断地投资。

小贴士

让复利帮你实现增值：

1. 学会利用复利

学会存钱要充分利用神奇的复利，你越早开始理财越好。刚开始赚钱就要存钱可能会感觉很困难，毕竟你有固定的生活开销要支付（或许还有大学学贷要偿还）；另外，你是社会新鲜人，对薪水没抱有什么幻想。尽管如此，仍然建议你大胆要求自己：把扣税前薪水的 15% 存起来。这是你的第一份全职薪水，要你存 15% 是一项挑战。但只要你愿意做一些合理的牺牲，例如找人合租房子或开二手车，你就可以办得到。同时，如果你在整个工作生涯中都将收入的 15% 作为储蓄，你的人生将会大为不同。让复利自动帮你增值的三大要素：你投资多少的本钱；你获得多高的投资报酬率；你投资的时间有多长。对于个人而言，越早开始理财，未来会越轻松。

2. 学会理财管理

理财要学会理财管理，包括现金管理、资产管理、债务管理、风险管理、投资管理。现金管理是理财的基础，包括各项收入的筹划和管理；资产管理是理财的重心，包括对房产、面铺等固定资产，以及储蓄资产、投资资产、保险资产等流动资产的管理；债务管理是理财的关键，主要是把债务控制在一定的合理范围内，起到优化财务结构的作用，比如在财力许可的情况下可以通过按揭买房，从而提升家庭生活的品质；风险管理也是理财的关键，要正确认识自身的风险承受能力，确保家庭财务状况处于良性发展中；投资管理是理财的重点，即通过投资不同种类的理财产品，实现财富的保值和增值。

马太效应：让钱去赚钱

马太效应，指的是好的越好，坏的越坏；多的越多，少的越少这样一种现象。马太效应源自《圣经·马太福音》中的一则寓言。在《圣经·新约》的“马太福音”第 25 章中有这样一句话：“凡有的，还要加给他，叫他多余；没有的，连他所有的，也要夺过来。”

马太效应经常被人们用来解释贫富差距：越是有钱的人，拥有的资金及其他资源就越多，如人脉、发展机会等，赚起钱来也更容易；越是贫穷的人，他占有的资金和其他资源就越少，当然发财的机会也越少。

国王打算出行，在临走之前，他分别给三个仆人每人一锭银子，让他们去做生意。几天后，国王回来了，把三个仆人召集起来，问他们：“你们用我留给你们的一锭银子都干了什么？”第一个仆人说：“我用国王给我的一锭银子去做生意，赚了十锭。”第二个说：“我用国王交给我的银子去做生意了，赚了五锭。”第三个仆人说：“我怕把国王给我的那一锭银子丢失，用手巾包了起来，现在仍然完好无损。”国王一听，便对三个仆人说：“凡是有的，还要加给他，叫他多余；没有的，连他所有的，也要夺过来。”于是，国王下令让没有赚钱的仆人把那锭银子交给赚钱最多的那个仆人。

上面这个例子，虽然讲的是一个小故事，但是解释了马太效应的内涵。如果站在经济学的角度来看，反映的是一种贫者越贫、富者越富、赢家通吃、收入分配不公的现象。对于马太效应，美国科学史研究者罗伯特·C.默顿于1968年，首次用“马太效应”来描述这种社会心理现象，他是这样归纳的：任何个体、群体或地区，一旦在某一个方面（如金钱、名誉、地位等）获得成功和进步，就会产生一种积累优势，就会有更多的机会取得更大的成功和进步。在日常生活中，老百姓理财也同样存在“马太效应”。

如果你是一个细心的人就会发现，生活中随处可见这种现象。富人享有更多的资源：金钱、荣誉以及成功，穷人却变得一无所有。在资源的分配上，马太效应是每个老百姓必须面对的现实。这样的例子有许多，如富人借钱轻而易举，穷人借钱难上加难；一些效益较高的企业，一说贷款，各大银行笑脸相迎，反之，如果企业的经营陷入困境，急需一笔钱，银行不仅一分钱不肯借，还想把原来的贷款在最短的时间内收回；在某个领域内，知名度越大，价格越高，固定消费者也就越多，销量也多，反之，价格越低，利润越少，竞争力弱，容易被其他行业排挤出去；身边的朋友越多，通过频繁的交往可以赢得更多的朋友，而朋友少的人，由于与之交往的人较少，身边的朋友也越来越少。金钱同样如此，在投资回报率相同的情况下，一个敢于投资的人，收益也会比别人多。

从表面上看，“拥有的多，就会得到更多；拥有的少，得到的也少”似乎一点也不公平。事实并非如此，拥有的多的人，已经取得了巨大的成就，赢得了社会的肯定，从而得到更多的发展机会。反之，没有得到社会认可的人，人们总是用一种怀疑的眼光看待他，发展的机会也就没有成功者多。

在上面的生活事例中，马太效应表现出好的越好，坏的越坏，多的越多，少的越少，我们可以用一句话来概括：成功是成功之母，这与失败是成功之母似乎相违背。其实，一些尝尽失败滋味的人不能使人奋发向上，反而会让人用消极的人生态度处事，最终一事无成。而一个人有了成功的经验，就会信心百倍，成功也就易如反掌。成功后，你就会拥有更多的社会资源，取得更大的成就。

所以马太效应告诉我们，要想在某个领域抢占优势地位，最好的办法就是做大做强。产品做大做强之后，就会有人主动和你签约，客户多了，发展的机会也就多了。

小贴士

大学生找工作时出现马太效应的原因：

在找工作的过程中，有的人可以拿到很多家意向单位的offer，而有的人却连一次面试机会都没有！为什么在找工作的过程中会有这么明显的马太效应？

1. 专业的差别

不得不承认，大学里很多专业对于毕业找工作是很有优势的，而另外很多专业在找工作过程中非常不易。这很容易导致相对较有优势的专业学生面试和拿到offer的可能性比其他专业的同学大很多，而且会产生累积现象。

2. 个人的原因

除了专业的差别，我们发现在同一专业中，也会有马太效应的出现。这就要归结于个人的差别了，有的同学很早就为工作做了充分的准备，在学校积极参加学生组织的活动，在校外积极参加社会实践积累丰富的经验；而有的同学在大学期间过了几年的“宅生活”，到找工作的时候自然就比别人少一些机会了。

“马太效应”无处不在，在为找工作准备时就应该做一个“聪明的仆人”，不要做“又恶又懒的仆人”，这样在职场上我们的胜算才会更大。

储蓄：个人理财的第一步

有人通过股票一夜暴富，但也有许多人在股市中输得倾家荡产，所以在股市不景气的时候，更多的人会选择从股市抽身，投向更安全的理财方式——储蓄。

储蓄与股票相比，虽然没有很大的赢利空间，却是最稳妥的理财方式。老一辈的人基本上都通过存钱来攒钱的，这种方法对我们年轻人积累资金也很有用。年轻人钱不多，不妨先学着把钱存下来，等资金达到一定数额后再开始学习风险投资。

不论什么时候，储蓄都是最重要的安全性理财工具。也许有人会说，现在通货膨胀率都比银行利率高，钱放在银行，那不是等着贬值吗？尽管储蓄利率比不过通货膨胀，但存在银行的钱是不会损失本金的。

从理财的角度看，储蓄作为一种金融资产，具有明显的安全性。不少年轻人认为储蓄是“老套”的事，但理财之道，是按个人能力计划未来，作为理财基础的储蓄，有着其他理财产品所不具备的特性：安全可靠、存取方便、回报稳固。银行储蓄存款有以下功能：

1. 保值增值功能

储蓄的目的，很大一部分在于获得利息收入。定期存款的利率高于活期存款利率，定期储蓄时间增加，利息率逐渐增加，收益也越来越多。假如 5 年定期存款的利率是 2.75%，倘若本金是 10 万，存 5 年定期的话，那 5 年后利息收益将达到 27500 元，这实在是一笔可观的收入。

2. 财产保管功能

有些人可能不看重银行储蓄的保值生息作用，认为那么一点儿利息无所谓，不把钱往银行存，而在家里放置了大量的现金，结果有的不幸被偷窃。因此，不在乎利息的人也完全可以把银行储蓄当成免费且可获息的保管箱，以确保财产的安全。

3. 暂避风险功能

股市有风险，入市须谨慎。股票等一些理财产品风险很大，一不小心就会被套牢。在这个时候，无风险的银行储蓄就成了资金的“安全港湾”，是风险规避者资产保值增值的良好选择。

银行储蓄收益稳定且没有风险，是一种良好的理财工具。在央行不断加息的背景下，风险厌恶型的投资者，可以认真考虑一下银行储蓄这种方式。储蓄可以分为两种：一种是活期，一种是定期，具体方式到银行去咨询就可以得到详细的解答。

值得一提的是，储蓄也是有很多窍门的，不同的储蓄形式也会造成收益的不同，需要我们根据自己资金的闲置时间长短来灵活处理。如果只存活期，适合半年去银行做一次结息，然后本息再存，因为 6 月 30 日是活期存款账户的结算日，适时取息再存，可收到滚存利息的收益。从理财的角度讲，定期储蓄宜以短期为主，重在存取方便，而又享受利息；长期储蓄，按现有的银行利息，考虑通货膨胀和利息税等因素，钱存得越久，贬值的风险就越大。

给大家介绍一种 12 存单法，这种方法尤其适合工薪阶层。其操作方法是：根据自己的收入情况设定每月存入的金额，以不影响生活为原则。比如每月收入 5 000 元，则可考虑每月存 1 500 元，存期为定期 1 年，这样 1 年以后就会每个月都有一张存单到期，把那张到期存单的钱取出来，和当月要存的钱一起存起来，这样既不会在用钱的时候没有存单，同时到期也享受了比活期高的利息。别小看这种固定的存款方法，当你存够一定时间后就会发现这样积累的财富大大超出你的预期，这其中复利产生了很大的作用。

看看理财专家给王冶开的理财诊断吧：

王冶，男，24岁，某私企技工，月薪1 200元，无其他收入，合租房，每月节余250元。从基本情况来看，王冶算是一个比较节约的人。但这样的原始积累实在太慢，王冶除了平时要尽量省钱，还要努力增加自己的学识，这样才能为将来找一份薪水较高的工作做好准备。建议处于此阶段的王冶（收入比较低）先节财、后增值。至于节财的目标不要定得太难实现，如积蓄超过万元时间在2至3年最合适。

建议王冶用12存单法滚动存钱。每月节余只有250元，可以采用“滚雪球”的存款方法，每月将余钱存一年定期存款，一年下来，手中正好有12张存单。这样，不管哪个月急用钱都可取出当月到期的存款。如果不用钱，可将到期的存款连同利息及手上的余钱转存一年定期。用这种“滚雪球”的存钱方法就不会失去理财的机会。

另外，现在银行大都推出了自动转存服务。在储蓄时，与银行约定进行自动转存，一方面避免存款到期后不能及时转存，另一方面存款到期后不久，如遇利率下调，未约定自动转存的，再存时就要按下调后的利率计息，而自动转存的，就能按下调前较高的利率计息。如到期后遇利率上调，也可取出后再存，便于灵活调配。

对于年轻人来说，理财一定要先有目标。有了目标之后要养成储蓄的习惯，针对20多岁的年轻人，理财的第一步就是存钱，即“存钱第一，再谈投资”。

小贴士

教你存款的几个方法：

1.12 存单法

每月提取工资收入的 10%—15% 做一个定期存款单，切忌直接把钱留在工资账户里，因为工资账户一般都是活期存款，利率很低，如果大量的工资留在里面，无形中就损失了一笔收入。每月定期存款单期限可以设为 1 年，每月都这么做，1 年下来你就会有 12 张 1 年期的定期存款单。另外，在进行 12 存单法的同时，每张存单最好都设定到期自动续存，这样就可以免去多跑银行之苦了。

2. 阶梯存款法

一种与 12 存单法类似的存款方法，这种方法比较适合与 12 存单法配合使用，尤其适合年终奖金（或其他单项大笔收入）。具体操作方法：假如你今年年终奖金一下子发了 5 万元，可以把这 5 万元奖金分为均等的 5 份，各按 1、2、3、4、5 年定期存这 5 份存款。当 1 年过后，把到期的 1 年定期存单续存并改为 5 年定期，2 年过后，则把到期的 2 年定期存单续存并改为 5 年定期，以此类推，5 年后你的 5 张存单就都变成 5 年期的定期存单，致使每年都会有一张存单到期，这种储蓄方式既方便使用，又可以享受 5 年定期的高利息。

3. 巧用通知存款

通知存款适合手头有大笔资金准备用于近期（3 个月以内）开支的。假如手中有 10 万元现金，拟于近期首付住房贷款，但是又不想把 10 万简单存成活期损失利息，这时就可以存 7 天通知存款。举例来说，50 万元如果购买 7 天期的通知存款，持有 3 个月后，以 1.62% 的利率计算，利息收益为 2 025 元，比活期存款利息 900 元，收益高出 1 125 元；除去利息税后，通知存款的收益要比活期存款高出80%。

4. 利滚利存款法

所谓的利滚利存款法，是存本取息与零存整取两种方法相结合的一种储蓄方法。这种方法能获得比较高的存款利息，缺点是要求大家经常跑银行。具体操作方法是：比如你有一笔5万元的存款，可以考虑把这5万元用存本取息的方法存入，在一个月后取出存本取息储蓄中的利息，把这一个月的利息再开一个零存整取的账户，以后每月把存本取息账户中的利息取出并存入零存整取的账户，这样做的好处是能获得二次利息，即存本取息的利息在零存整取中又获得利息。

股票：高风险高收益的理财方式

2009年10月30日开盘的华谊兄弟备受股民关注。短短几天，就让股东们经历了冰火两重天的大喜大悲。根据相关承诺，无论王氏兄弟还是马云、江南春、冯小刚、张纪中、李冰冰，他们的股份目前都在锁定期，因而股价的波动对他们的个人财富有重大影响。上市第一天，华谊兄弟火爆异常，以28.58元的发行价，竟一度冲上91.80元。在这个最高点上，华谊兄弟的股东们赚翻了。仅仅过了两个半交易日，这只股票就跌到58.07元，这些股东也只能眼睁睁地看着自己的股票缩水。

看来做“重要股东”也免不了要承受强烈的心理打击。自然，开市第一天在最高点追入这只股票的股民，到次周二没有卖出，也要承受36.74%的亏损。这样的例子在股市上还有很多，所以人们常说股票高风险、高收益。

所谓股票，是一种有价证券，是股份有限公司在筹集资本时向出资人公开发行的、用以证明出资人的股本身份和权利，并根据股票持有人所持有的股份数享有权益和承担义务的可转让的书面凭证。股票代表其持有人（即股东）对股份公司的所有权，每一股股票所代表的公司所有权是相等的，即我们通常所说的“同股同权”。

股票通常被视为在高通货膨胀期间可优先选择的投资对象，而在经济不景气的时候不宜操作。作为一种高风险的金融产品，“股市有风险，入市需谨慎”这句话是每个投资者都应牢记于心的。股票是一场风险游戏，不是每个人都适合进入，只有赢得起又输得起的投资者，才能体会游戏的乐趣。

炒股就是买卖股票，靠做股票生意谋利。炒股的核心内容是通过证券市场的买入与卖出之间的股价差额，实现套利。股价的涨跌根据市场行情的波动而变化。股价的波动经常出现差异化的特征，源于资金的关注情况，他们之间的关系，好比水与船的关系。水溢满则船高（资金大量涌入则股价涨），水枯竭而船浅（资金大量流出则股价跌）。

那么，投资者该如何选到有潜力的股票呢？要选到有潜力的好股票，要从以下几个方面进行挑选：

第一，要严格挑选股票，投资那些具有“惊人”绩效的股票。

一个卓越的投资者，就必须严格挑选股票，不能随便跟风、追涨，而是要选那些业绩上佳的股票。一般来说，这样的股票包括两方面内容：一方面是在有生之年能拥有几只涨幅达到100倍的股票。也许你对100倍会感到吃惊，但现实中的确存在。比如沃尔玛和微软公司上市也不过20—30年，股价都已涨了500—600倍之多。另一方面是选择的股票必须“集万千宠爱于一身”，即拥有多种独一无二的竞争优势。无论从哪个方面考察公司，无论怎样苛刻，都挑不出影响公司长期成长和收益的毛病。

第二，挑选的公司要具有独一无二的竞争优势。

一家“独一无二”的公司能够让你迅速将它和一般公司区别开来。如果你用半个小时都找不出一点“独一无二”，那就要放弃它，尽管它可能看起来股价较低、走势较好。具体来说，这种“独一无二”的优势包括6个方面：

1. 垄断优势。前面我们介绍过垄断，通俗地说，垄断就是独家经营，或者重要产品、服务的最先推出和独家拥有。具有这种优势的企业或机构，在本地区本国只此一家，没有竞争。

例如，银行信用卡大部分必须通过万事达或维萨两家国际组织的网络，世界上的碳酸性饮料的市场基本上被可口可乐公司和百事可乐公司垄断。

2. 资源优势。由于资源具有稀缺性，所以，谁拥有了资源，谁就占据了竞争优势，并且谁占据的资源越多、越稀有，谁的竞争优势就越大。

比如江西铜业拥有铜矿，但很多铜业公司也有铜矿，而拥有石油资源的企业在中国就只有中国石油，其资源的稀缺性远高于江西铜业，因此，其竞争优势就比江西铜业大。同样的道理，还有南非的黄金钻石，盐湖钾肥所拥有的钾盐矿，等等。这些具有独占性质资源优势的公司最具有投资价值。

3. 品牌优势。有品牌的企业非常多，但有了品牌并不等于有了独一无二的优势。品牌优势的独一无二简单来说就是要强大，强大到行业第一。茅台号称国酒，同仁堂号称国药，这些品牌已深深地为消费者所认可和喜爱。

4. 能力技术优势，即一个企业的核心竞争力。在现代市场竞争中，一家拥有核心竞争力的公司往往能发展壮大，而且其股票价值也会以惊人的速度增长。

例如，万科公司，其管理团队极为优秀、能力很强，堪称地产界第一，凭借这种优势，它有了自己的品牌，跻身行业巨头之列。具有能力和技术优势的公司，往往能够持续调整发展，给投资者带来丰厚的回报。

5. 政策优势。政策优势主要指政府制定有利于其发展的行业政策与法规，使相关产业形成某种具有限制意义的优势。除了专利保护和减免税优惠政策外，还有原产地域保护政策。

例如，云南白药的产品被列为国家一级中药保护品种，在很长时间其他厂家都不能生产，也不能叫一样的名字。这就为其发展创造了有利条件。投资这样的企业风险小、收益大。

6. 行业优势。行业分析是投资者做出投资抉择时非常重要的一步，有时甚至是投资成功的先决条件。因为具有这种优势的行业总是牛股众多，投资获利的可能性高；而有些行业却牛股稀少，投资获利的概率低。比如食品饮料业。如果投资者选择一种具有行业优势的公司股票，赚钱的可能性就会大大增加。

第三，挑选的公司要具有极强的赢利能力。

公司拥有极强的赢利能力非常重要。比如自来水、电力、燃气、桥梁、高速公路、铁路等公用事业公司，虽然具有明显的垄断优势，可是价格受管制，没有自主定价权，能赚大钱的不多。没有赢利能力的公司并不能为投资者带来多少回报。因此要选择那些具有竞争优势，同时还具有赢利能力的公司的股票。

一般来说，好股票应该具有数十倍的成长潜力，平均每年的利润增长率不能低于 20%，当然，能超过 30% 就更好。茅台、招商银行、万科就超过了 30%。

第四，挑选的公司的竞争优势和赢利能力要具有持续性。

买股票就是买未来，长寿的企业才是投资者的首选。一个公司在某一年赚钱不难，难的是持续几十年甚至上百年赚钱。传呼机刚生产出来的时候风光无限，但没过多长时间就被手机取代了；柯达、乐凯等生产胶卷的公司由于数码相机的出现而变得非常被动。这就需要投资者的眼光更为长远，思想更为深刻。这就需要这个公司具有多种竞争优势。

第五，挑选的公司股票要有合适的价格。

股票的价格是相当重要的。好公司加上好价格才是好股票。好价格就是指股票要有很大的“安全边际”。当买进的价格远低于其应有的价值时，你就有了安全边际，这可以用来抵消大部分人为错误、坏运气或目前变化莫测的世界所产生的剧烈摆荡。安全边际主要由所付的价格决定。价格越高，则安全边际越小。

沃伦·巴菲特这样描述安全边际："当你造一座桥时，坚持其承载能力要能通过载重3万磅的货车，但你只开载重1万磅的卡车通过去。"同样的道理也适用于投资。那些被大幅炒高，股价远离其内在价值，"安全边际"非常小的股票，一定不要选。即使这家公司非常优秀，也要等其股价降到合理的价位再买入。

好多投资者挑选股票的时候非常盲目，害怕麻烦，不愿花费很多精力，结果常常赔钱。我们为什么不充分利用上面的方法，精心挑选几只股票，非常有把握地获得高额收益呢？花半年时间挑一只赚大钱的股票，比花1小时挑几只赔钱的股票更为划算。

小贴士

股票理财技巧：

1. 人弃我取，人取我予

主力资金和持仓变化是判断主力进出的最可靠方法，如果你从盘面上看不出来，可以借助第三方网站，比如"理财者网"，网上搜一下就知道网址了。网站上的实时资金流向和持仓明细以及大单追踪已经成为散户必备的工具，据说有人利用这一点一年翻了16倍。

2. 买入靠信心，持有靠耐心，卖出靠决心

能做到这一点的投资者，不仅要具备超越常人的坚强意志，而且必须对股市有本质意义上的理解。

3. 只有持股才能赚大钱

想在股票市场赚大钱，持有股票的本领要下功夫去学，不管你是否有水平研究指数，是否有水平选择股票，真正能使你赚到钱的真功夫是

如何持股。如何持股的道理不像研究指数、推荐股票那样，几句话就能说得明白，短期内就能提高。它需要长期的投资经验积累，心理素质的不断提高，并使用控制风险的有效方法。

4. 不要轻易预测市场

不管如何精研预测技巧，准确预测短期走势的概率很难超过60%，如果你每次都去尝试，错了就止损退出市场，不仅会损失你的金钱，更会不断打击信心。你应该从基本面入手寻找一些有长期价格潜力的股票，结合一些技术方法适当控制风险尽量长期持住股票，而对于长期的市场走势给予一个轮廓式的评估。

5. 股价下跌是正常现象

股价下跌其实是正常现象，如果有所准备，它就不会伤害你。每次下跌都是大好机会，你可以挑选被股价下跌吓走的投资者放弃的廉价股票。股票市场有周期性，涨跌起伏很正常。

6. 尽量简单

尽量使自己的投资理念、投资原则简单，事情简单了就会变得清晰明了，对自己投资行为的约束也就变得有力了，不符合自己原则的事情也就容易了。

7. 不断减少交易

频繁的短线交易，会使普通投资者投资失败。因为频繁的短线交易，会使你每一刻的持股成本都在相对的市场高位，市场一旦转势，你的损失就会惨不忍睹。

8. 远离市场，远离人群

人群中积聚的是愚，不是天生的智慧。炒股的心态和你与人群的距离成反比。不要推荐股票、少去谈论股票，与股票市场的人群保持距离，离每天的价格波动尽量远一点，不要让行情机搅混你本来清晰的交易理念。

基金：风险回报皆适中

今天，基金理财已经成为都市人的理财必选项。所以，有这样一句尽人皆知的基金宣传用语，买基金就是“把钱交给专家理财”。对此有许多普通投资者不能完全理解，那么，为什么人们要把自己的钱托付给基金公司的投资专家呢？

基金就是汇集众多散户的资金，交给投资专家（也就是基金经理及其团队），按照一定的投资策略统一进行投资。每位投资者根据持有的基金份额，从中分享利润，承担风险。

简单来说，你的手中有一笔钱，你想通过投资股票、债券等获利，但由于工作的原因，没有太多的时间和精力，再加上对这一方面并不了解，资金也不是太多。于是，你与身边的几个朋友共同出资，雇一个精通这一方面的投资高手，然后对大家合出的资产进行操作，从而达到增值的目的。这时，需要面对一个比较烦琐的问题，每个投资人都会随时与投资高手交涉。为了解决这一问题，大家共同选举了一个内行牵头负责与投资高手交涉。当然，大家会定期从共同的资产中支付牵头一定的提成，而投资高手的钱也是从这些提成里由他代付。但是，牵头需要做许多事情，比如挨家挨户跑腿，出头卖力，打听消息，为投资高手提供相关知识等。我们可以把这种运作方式称为合伙投资。如果我们把这种合伙投资的模式放大成千上万倍，就会成为基金。

经过中国证券监督管理委员会的审批之后，合伙投资活动的牵头操作人就可以公开向社会募集、吸收更多的投资者加入，也就是我们常说的发行公募基金，即最常见的基金。

说到这里，我们必须提到基金管理公司。实际上，基金管理公司就是合伙投资的牵头操作人，只不过它是一个公司法人，必须经过中国证监会审批才能生效。在这里，我们需要明白一点，基金公司也是合伙出资人之一，与其他合伙出资人是一样的。从另一方面来说，它作为这种合伙投资的牵头操作人，每年可从大家共同的资产中按一定的比例提取一定的劳务费，也就是所谓的基金管理费。由他替投资者代雇用代管理负责操盘的投资高手，也就是我们熟知的基金经理，在一定时间内，公布基金的资产和收益情况。此外，牵头操作人还负责为投资高手收集信息、跑腿。要知道，这些活动是经过证监会批准之后，才允许进行的。

为了保证资产的安全，以防基金公司挪用资金，中国证监会决定：基金的资产不能放在基金公司，基金公司和基金经理只负责基本的交易操作，资金就交给银行负责。为此，基金资产就由银行负责，而且专门设立一个账户，管账记账的所有问题均由银行负责，即基金托管。当然银行也需要收取一定的劳务费（又称基金托管费），同样也来源于大家合伙的资产中。综上所述，即使基金资产存在风险，也是由那些高手操作不当引起的，被偷走的风险几乎为零。如果我们从法律角度来说，一旦基金管理公司倒闭或托管银行出现问题，有许多人追债，他们也没有资格去碰大家基金专户的资产。可以说，基金资产是比较安全的。

基金具有诸多优点，如专业管理、组合投资、分散投资、分散风险等。所以近几年，中国基金业的发展比较稳定，有利于投资者进入证券市场，分享我国经济增长的红利。然而，由于基金带给投资者的回报较高，一些投资者往往忽视了基金背后存在的投资风险。

投资标的物的价值取决于基金的价值，所以对于广大普通人而言，了解基金的价值有十分重要的意义。社会上存在许多不同的投资理论和流派，他们对上市公司基本面的分析评价方法也不相同。其中，市盈率是相对公认的、简单衡量上市公司基本面的指标。所谓的市盈率，主要用来估计公司股票的投资回报和风险，即每股市价与每股收益的比率。从长期来看，市盈率越低，该公司的投资价值就越高；反之，市盈率越高，投资价值就越高。然而，评价上市公司的基本面并不只考虑一个因素，它还受到许多因素的影响，如行业发展前景、企业的行业竞争能力等。

了解了基金之后，接下来，普通人就应该学习选择基金的方法。一般而言，选择基金要衡量三个重要因素：第一，基金公司的管理水平；第二，基金经理的操作水平；第三，基金的历史表现。此外，对于普通投资者而言，也要根据个人的实际情况进行投资，如自己的年龄、收入水平、承担风险等。因为只有选择适合自己的基金，才能获取较高的利益。

在实际生活中，有许多普通人在投资基金时，会走进投资基金的误区，最终一无所获。因此，作为一名明智的投资者，应该谨防自己走入投资误区。一般而言，投资基金误区有以下几种：

1. 缺乏合理的持有计划，只看重眼前利益

有很多人没有合理的理财计划，只是看到别人在基金里赚了钱，自己也开始投资基金。对于投资目标、时间等概念，并不了解。所以只要他们一看到大盘下跌，便立即将手中的基金赎回，这种做法并不可取，只看重眼前利益，不从长远利益出发，就会错过赚钱的好时机。

2. 低买高卖，多次转换

以主动投资的心态来进行被动投资，是投资基金面对的最大问题，在这种情况下，往往出现低买高卖，频繁转换。事实上，这种投资方式并不能带来理想的收益，相反，基金平均收益不及原来。所以，普通人在投资基金时，切不可低买高卖、多次转换。

3. 只买新发行的基金

事实证明，在很大程度上，老基金比新发基金更有优势。所以，选

择运作相对稳定的老基金作为投资对象，是明智的选择。

4. 拿什么钱来买基金，买什么基金

对于普通人来说，拿什么钱来买资金是一个不可忽视的问题。一般而言，家庭财产分为三部分：一份用以应急；一份用于养老；还有一份为“闲钱”，用来买基金最合适。作为投资者，一定要合理选择基金类型。如果你是一个看好股票市场的投资者，且具备一定的承受风险能力，同样可以考虑股票开放型基金。在买基金的时候，还要注意组合问题。对于承受风险能力不同的投资者而言，可适当调整基金的比例，如风险承受能力较高者，可选择高比例股票型基金。

5. 基金收益的提高

普通人在买进卖出基金的时候，往往会承担手续费，这样一来，收益就会“缩水”，有时还会出现亏本的情况。所以，要想提高基金收益，应选择一种较为实用的提高收益的方法，如选择后端收费模式、在网上交易等。

6. 分红与经验

如果普通人将大额的分红现金留在账上，就会出现股市上涨的资产比例降低的情况，股市上涨时，动力也会随之变小。此外，运用投资者积累下来的经验，提高基金的收益，也不是不可能。

当然，具体情况还要具体分析。在购买某项基金前，一定要事先咨询，进行分析对比，选择更适合自己的，才能获得长远的利益，让自己的财富聚沙成塔。

小贴士

基金理财前的准备工作和实施步骤：

1. 准备工作

一般情况下，基金理财不会一夜暴富。对于绝大多数人来说，应更着眼于长期增值，抵御生活风险，保护和改善未来的生活水平，实现多年后养老、子女教育等长期财务目标，所以要保持平常心。

投资基金前，应留出足够的现金资产作为应急准备，一般至少能应付4—6个月家庭的必要支出，还可以做必要的保险。

2. 基金理财的步骤

首先，根据年龄、收支、家庭负担、性格等，估计自己的风险承受能力和变现需求。

然后，根据风险承受能力和变现需求，挑选合适的基金类型，确定各类型基金的投资比例。

最后，在各类型基金中，精选长期业绩稳定良好的基金。

一般随着年龄增长，人们的风险承受能力逐步降低，需调整激进型理财工具（如股票基金）和稳健型理财工具（如债券基金、超短债基金、货币市场基金）的投资比例。

对于55岁以内的工薪族来说，100减去自己的年龄，是投资股票基金的参考比例，其余资金可投资货币基金，或债券基金；

对于55岁以上、接近或已经退休的年长人士，不妨以货币基金、债券基金为主进行投资，投资股票基金的比例最好不要长期超过20%。

在此基础上，个人可根据收支、家庭负担、性格等具体情况，对自己的基金组合比例做些调整，比如短期支出较多的、家庭负担重的，或性格非常谨慎、难以承受压力的，可适当增大债券基金、超短债基金、货币市场基金投资比例，以降低风险，增强变现安全性；反之，盈余资金持有时间长的，或收入高的，或家庭负担轻的，可适当增大股票基金投资比例，以增强长期增值。

期货：四两拨千斤的杠杆理财

一天傍晚，由于在单位加班，李晶到菜市场时比平时晚了一个多小时，想着已经答应给儿子做红烧排骨，她来到经常光顾的猪肉摊位上想秤2斤排骨，可摊主却告诉她已经没有排骨了。一想到不知道明天能不能按时下班，她和摊主商量，让他明天多进一点排骨，给她留下2斤。摊主不答应，他怕李晶明天不来买，排骨剩下了卖不出去，这样岂不是亏了？经过一番商讨，最后双方决定：李晶先付一半的钱，明天取肉的时候再付另一半。这样一来，李晶要到了自己想要的东西，而摊主也不用担心明天多进的排骨会亏本。

从经济学的角度看，上面这个例子涉及期货的问题。李晶想买到明天的肉而付了定金，而摊主收了定金卖了今天没有的东西。今天到明天的时间为“期”，而排骨为“货”，两者合一为“期货”。期货的英文为“Futures”，经“未来”一词演化而来，通常是指交易双方不必在买卖发生的初期就交收实货，而是共同约定在未来的某一时间交收实货，在中国被称为“期货”。因为卖家判断他手中的商品在某个时候价格会达到最高，于是选择在那个时候卖出，获得最大利润。

人们购买期货的目的有两个：套期保值和期货投机。套期保值是指交易者在现货市场上买卖某种原生产品的同时，在期货市场上设立与现货市场相反的头寸，从而将现货市场价格波动的风险通过期货市场上的交易转嫁给第三方的交易行为。而期货投机则是指投机者通过预测未来价格的变化，买空卖空期货合约，当出现对自己有利的价格变动时对冲平仓以获取利润的行为。

与股票、基金、债券相比，期货对于许多人而言比较陌生。通俗地说，期货就是一个人3个月后要买一样东西，但不知道这件东西3个月后的价格会发生什么变化，于是先与卖主签个合同，并预先付给卖主一部分定金，让卖主在3个月后按合同约定将东西卖给自己，从而避免了3个月中的价格变动风险。期货的本质是自己与他人签订一份远期买卖商品（或股指、外汇、利率）合约，以达到保值或赚钱的目的。

如果预期期货价格会上涨，就做多（买开仓），涨起来（卖）平仓，赚取差价。差价 = 平仓价 − 开仓价。

如果预期期货价格会下跌，就做空（卖开仓），跌下去（买）平仓，赚取差价。差价 = 开仓价 − 平仓价。

期货交易的场所，是按照“公开、公平、公正”的原则，在现货市场的基础上发展起来的高度组织化和高度规范化的市场形式，就像股票投资，是一种风险投资，不过期货和股票相比，存在以下差异：

1. 以小搏大：股票是全额交易，即有多少钱只能买多少股票，而期货是保证金制，即只需缴纳成交额的5%—10%，就可进行100%的交易。比如投资者有10000元，买10元一股的股票能买1000股，而投资期货就可以成交10万元的商品期货合约，这就是以小搏大。

2. 双向交易：股票是单向交易，只有先买股票，才能卖出；而期货既可以先买进，也可以先卖出，这就是双向交易。

3. 时间制约：股票交易没有时间限制，如果被套可以长期持仓，而期货必须到期交割，否则交易所将强行平仓或以实物交割。

4. 盈亏实际：股票投资回报有两部分，其一是市场差价，其二是分红派息，而期货投资的盈亏在市场交易中就是实际盈亏。

5. 风险巨大：期货由于实行保证金制、追加保证金制和到期强行平仓的限制，从而使其更具有高报酬、高风险的特点。从某种意义来讲，期货可以使你一夜暴富，也可能使你顷刻间一贫如洗，投资者要慎重投资。

另外，国内股票只能做多，而期货既能做多，也能做空。做空简单来说就是：没有货先卖后买。这也加大了期货投资的风险性。做空机制是强者的游戏，作为股票市场的弱势群体，如果没有法律和制度的保护，中小投资者参与这种危险的游戏会很容易受到伤害。

作为合同交易，每次期货交易只需付出相应商品实价的定金——保证金即可。具体的保证金比例由期货交易所根据市场情况确定，各期货公司也会有所调整。

例如，买进商品A的期货，保证金比例是1∶10，交易价格是每单位10 000元。只需付出1 000元就可以买A商品的一个单位。如果A商品的价格涨了10%，那1 000元保证金就会变成2 000元。如果A商品的价格跌了10%，此刻要是平仓，那1 000元的保证金就会变成0元，要想继续持仓，就必须追加保证金。许多人往往因为不服气，不断追加保证金，最后弄得倾家荡产。

期货做多一般容易理解，做空不太容易明白。下面以做空小麦为例解释期货做空的原理：

一个小麦买主在小麦每吨2 000元时，估计麦价要下跌，为此在期货市场上与卖主签订了一份合约，约定在半年内，卖主可以随时卖给他10吨小麦，价格是每吨2 000元。总金额是2 000×10=20 000元，按10%的保证金计算，买主应提供2 000元的履约保证金，履约保证金会随着合约的变化而变化。

这就是做空（卖开仓），实际操作时，卖开仓就是小麦的期货合约。

买主为什么要和卖主签订合约？因为买主看涨。

签订合约时，买主并不是真想买小麦，卖主手里也不是真有小麦，而是双方在观察市场，若小麦价格下跌，跌到每吨1 800元时，买主如果按每吨 1800 元买了 10 吨小麦，卖主却以每吨 2000 元的价格卖给买家，合约履行完成（原来你的保证金返还给买主）。这时卖主赚了：

（2000−1800）×10=2000（元）（手续费一般来回 10 元，忽略不计）

这就是获利平仓，与卖主签订合约的买主（非特定）赔了 2000 元（手续费忽略不计）。

整个操作只需在 2000 点时卖出一手小麦（一手是期货单位，在粮食期货买卖中，一手 =1吨），在 1800 点时买平一手小麦就可以了，非常方便。

期货开仓后，在交割期之前，可以随时平仓，当天也可以买卖数次（一般当天平仓免手续费）。如果在半年内，小麦价格上涨，买主没有机会买到低价小麦平仓，那就会被迫买高价小麦平仓（合约到期必须平仓），这样卖主就会亏损，而同卖主签订合约的买主就赚了。

假如买主是 2200 点平仓的，卖主就会亏损：

（2200−2000）×10=2000（元）+10 元手续费。

与卖主签订合约的买主（非特定）赚了 2000 元（手续费忽略不计）。

经验证明，从事期货投资，应该遵循从小开始逐步升级的原则。首先，在入市之前，最好先做模拟演练，锻炼一下自己的能力。接着，就是入市操作，先进行小额买卖，一开始可以选择价格波动幅度不太大的商品入手，风险大的期货品种应在操作熟练以后再做。

小贴士

新手参与期货投资前的准备和注意事项：

1. 期货投资前的准备

（1）心理上的准备

期货价格无时无刻不在波动，判断正确的人获利，判断失误的人亏损。因此，入市前的盈亏心理准备是十分必要的。

（2）知识上的准备

期货交易者应掌握期货交易的基本知识和基本技巧，了解参与交易的商品的交易规律，正确下达交易指令，使自己在期货市场上处于赢家地位。

（3）资讯上的准备

在期货市场这个完全由供求法则决定的自由竞争的市场上，信息显得异常重要。谁能及时、准确、全面地掌握市场信息，谁就能在竞争激烈的期货交易中获胜。

（4）计划上的准备

拟定交易计划。为了将损失控制到最小，使盈利最大，就要有节制地进行交易，入市前有必要拟定一个交易计划，作为参加交易的行为准则。

2. 注意事项

（1）不能用自己的全部资金进行交易

期货交易毕竟是风险投资，需要良好的交易心态。如果交易心态不稳，则交易无法进行下去，投入期货市场的资金和每一次的亏损设置一定是自己能承受得起的，否则就成了赌博。

（2）严格止损

止损是交易的前提，任何交易都必须如此，不能对市场抱太大的希望，希望市场会主动来解救你，只有自己才能救自己。

（3）遵守纪律和原则

只有纪律和原则才能帮你挣钱，而不是复杂的思考和分析，也不可陷入盘面的具体波动和大量的信心中，否则你会不知所措。

投资组合：不要把鸡蛋放在一个篮子里

如果你已经在炒股，你会发现自己不会总是只买一种股票。你再看看你个人或是家庭的全部收入，当用于投资时，部分会存入银行，部分会购买国债，部分会以现金形式存放在家里，等等。这时，你实际上就已经在进行投资组合了。而且，你会发现，这样的投资组合，会让你觉得相对安心。这就像没有将全部的鸡蛋放在一个篮子里，即使出问题也不至于所有的鸡蛋都碎了。

在现有的金融市场中，个人和家庭的投资已不局限于银行存款储蓄，而是开始向多样化发展。当前的投资方式包括：财物保值（如集邮、集币、集古董和艺术品等）、换外汇、债券投资、保险投资、股票投资、基金投资、购买房产等。各种投资方式均有不同程度的收益，但各有风险。投资组合要解决的问题是：在投资时，怎样在追求高收益的同时，把风险降到最低限度。

40 多岁的张女士说："如果我还是按照 2 年前的思路单一地进行投资，一切就难以想象。"张女士庆幸自己及早地调整了投资的思路，即使在金融危机发生之后，大部分资产集中在海外产品的张女士，依然很淡定。

大学毕业以后，张女士就进入了金融行业，那时候张女士的全部身家都在股市上，"说实在的，赚过不少钱，但也亏过不少"。经历过两次牛熊轮转，张女士开始质疑自己的投资方式，单一的投资无法再满足家庭需要。

一次理财活动让张女士对资产配置有了全新的认识，低风险、固定收益类产品是家庭资产的根基，根基越扎实，家庭资产的稳定性就越高；但在此基础上，适当地增加一些中、高风险产品，有助于提高家庭资产的收益能力。现在去看自己的这些投资，有盈有亏，但张女士从不慌乱，因为还有安全的固定收益产品、有赚钱的基金、有可以降低平均成本的定投产品。如果没有资产配置，一切都无法想象。

大部分人和企业对于自己资产的配置都存在很多疑虑。关于要不要把鸡蛋放在同一个篮子里这种资产配置问题，可以追溯到莎士比亚《威尼斯商人》中的安东尼奥，其中安东尼奥有一幕自白："不，相信我；感谢我的命运，我的买卖的成败并不完全寄托在一艘船上，更不是依赖着一处地方；我的全部财产，也不会因为这一年的盈亏而受到影响，所以我的货物并不会使我忧愁。"不把自己的买卖全部依赖于一处地方，不就是不把鸡蛋放在一个篮子里吗？

对于企业来说，没有任何一个业务或者产品能只赚不亏，但是通过资源配置将企业资产合理地分配到多个领域，就能预防企业业务"一荣俱荣，一损俱损"的情况发生。买卖不能只放在一条船上，更不能只依赖一个地方。

如果企业没有合理地进行资源配置，一旦市场受到冲击，会对企业产生巨大的影响，甚至影响到企业的生死存亡。尽管在情况好的前提下企业可以获得很多利益，但同样也要承担更大的风险，而这一风险往往是企业承受不起的。

对于个人投资者来说，通过合理的理财进行资源配置，才能有效地实现财富的保值和增值，从而获得更多的财富。

如果不进行资源配置，一味专注于单一的投资产品，会具有无法避免的局限性。比如国内投资者都偏爱的股票，波动性大，风险高，既能让投资者一夜暴富，把投资者带到财富的天堂，也能把投资者送至一朝破产的地狱。

资产配置的作用就在于，通过分散投资，将自己的资金分配在不同的领域和地域，让不同投资产品各自的缺陷相互弥补，保障整个投资组合的安全。不管对于企业还是个人，都应当充分考虑资产配置的需要，而不是将所有的鸡蛋放在一个篮子里。

资产的暴涨暴跌显然是很多人和企业都不愿意看到的情况，那么这时就需要我们进行资产的合理组合，去实现资产配置的平衡。财富的平稳增长才是理财的关键，平稳收益所带来的财富总增长，不一定会比大跌大涨所产生的财富少，相反，稳定增长最后一定会增加财富，而波动增长最后却可能是亏损的黑洞。因此，合理地选择资产组合，进行合理的资源配置，才是个人和企业最理想的理财方式。

小贴士

理财投资组合的原则和方案：

1. 理财投资组合的原则

第一，根据“基础理财—投资理财”的路线来配置自己的资产。

基础理财包括保险、家庭急用金、购房资金、孩子教育费、养老筹备金等。在满足了这些理财规划需求后，如果还有闲置资金，就可以大胆地进行投资，购买股票或其他风险类金融产品。

第二，建立与理财目标相匹配的投资组合。

分散风险是投资组合理论的精髓。最好的办法就是与理财目标相结合，配置最适合的投资理财产品。比如短期的购房资金筹备需要稳健的理财产品，长期的养老基金则可以采用股票型基金定投等。

2. 理财投资组合方案

要做到优化的理财组合，我们至少应该了解自己的风险承受能力、财务状况、理财目标、投资渠道或具体投资品种的风险类型、宏观市场趋势这几方面的内容。综合以上因素，根据理财组合的两大基本原则，构建适合自己的理财方案。

根据我国目前家庭收入的情况，有的专家提出比较稳妥的组合投资方式是“四三二一”方案，即40%的钱存入银行，以备日常应用；30%的钱购买国债，以期获得比银行利息更多但风险比股票小的回报；20%的钱用于买股票和基金，换取高风险的高回报；10%的钱用来参加各种保险，以防患于未然。也有专家提出“三三制”的组合投资方式，即1/3的钱储蓄；1/3的钱购买国债和各种债券；1/3的钱投资股票和保险。

总之，在理财投资问题上，要做到四忌：一忌违法，凡是违法的事坚决不能做；二忌盲从，要根据自己的实际情况选择投资方式；三忌集中，投资要多样化；四忌徘徊，要善于分析，抓住时机，及时决断。

第七章

多一些理性，少一些冲动：不可不知的博弈经济学常识

零和、正和与负和博弈：怎样才算真的赢

阿根廷著名漫画家季诺在漫画《玛法达》中讲了一个有趣的故事：

玛法达和她的朋友下棋，她的小弟弟过来问："你们两个人都可以赢吗？"

玛法达耐心地解释道："不，只有一个人可以赢。"

小弟弟很困惑，他说："那另一个人为什么还要在这里浪费时间？"

对弈的结果，要么是平手，要么是一输一赢，在博弈论中，根据博弈最后的结果，任何博弈可以分为零和博弈、正和博弈与负和博弈。

零和博弈指参与博弈的各方，在严格竞争下，一方的收益必然意味着另一方的损失，博弈各方的收益和损失相加总和永远为"零"。

在零和博弈中，双方不存在合作的可能。赌博是一种最明显的零和博弈，一方的所得，便是另一方的所失，双方的收益和损失相加总和为零。下棋、玩扑克牌等各种智力游戏都有这样的特点，即参与游戏的各方之间存在着输赢。

零和博弈如果只是应用于游戏中并无大碍，但如果应用于生活中，就是损人利己。

有两个人合伙做生意，一个人出资金，一个人跑关系拉业务。通过两人的共同努力，生意越做越火。但后来，拉业务的人想独吞生意。于是，便向出资者提出还给他资金，让出资者退出生意。出资人当然不愿意，最后这事闹到法院。出资人没想到那个拉业务的人在两人开始做生意时，便已经下了套，在登记注册时，只注册拉业务人一人的姓名。出资人因此输了官司，只能眼睁睁让对方独吞了生意而没有办法。

这就是生活中的零和博弈。零和博弈中的策略就是“吃掉”对方，因为一方的所得就是另一方的所失，如果不赢就会输。有没有对双方都有好处的策略呢？当然有，这就是正和博弈，也就是人们最愿意看到的双赢。

正和博弈本质就是一种合作的模式，双方取长补短，互惠互利。博弈双方的利益都有所增加，或者至少是一方的利益增加，而另一方的利益不受损害，因而整个社会的利益有所增加。

有一幅漫画形象地描述了“天堂”与“地狱”的差别。在画中，作者分别画了两张相同的餐桌，餐桌中央各放有一桶粥。这两张餐桌一张放在天堂里，一张放在地狱里，周围均坐满了食客。有趣的是每一名食客手中只有一把长长的勺子，长度足以伸到桌子对面人的面前，显然，用这么长的勺子是无法让自己喝到粥的。地狱的食客一个个抓耳挠腮，花样百出，仍是无法喝到粥；天堂的食客则用长长的勺子去喂各自对面的人，结果大家一个个都吃得很愉快。观念和行为的差别，合作与孤行的选择，导致了天堂和地狱的差别。

20 世纪人类经历了两次世界大战，经济高速增长，科技进步，全球化以及日益严重的环境污染之后，“零和游戏”观念正逐渐被“双赢”观念所取代。人们开始认识到“利己”并不一定要建立在“损人”的基础上。

通过有效合作，皆大欢喜的结局是可能出现的。

在广袤的欧洲大陆上，生活着一种异常美丽的动物，名叫蓝蝶。由于它外形炫目，人们通常把它称为会飞的“花朵”。然而几十年前，蓝蝶的翩翩倩影却在暖春的晴空里消失了。昆虫学家们对蓝蝶凋谢之谜做了深入的研究，最后得出了一个让人吃惊的结论：蓝蝶的绝种竟与两种蚂蚁的灭绝息息相关。

原来蓝蝶是在醋酸植物上产卵繁殖的，这必须有两种小蚂蚁的帮助才能顺利进行。蓝蝶的幼虫腹部分泌的挥发性物质，对于蚂蚁来说是极具诱惑力的香甜美食。闻到这一特殊的香味，蚂蚁就会爬到蓝蝶幼虫的腹部边尽情享受。

而蚂蚁并不是白吃。当蚂蚁在草地上发现蓝蝶卵时，会马上来照顾这些幼小的生命，生怕它们被其他昆虫掠去。蓝蝶的幼虫是吃树叶的，每吃完一片树叶，众工蚁就会把它抬到另一片新树叶上，让它吃个饱。蚂蚁和蓝蝶这种互惠互利的关系，经历了漫长岁月的考验。可是贪婪的人类为了自私的目的，无情地侵占了这两种蚂蚁的生存空间。他们用推土机无情地毁了它们的栖息地，小蚂蚁从此灭绝了。没有了相依为命的小蚂蚁，蓝蝶也就消失了。

蓝蝶和蚂蚁之间是一种互惠的合作关系，同样，企业中的合作也必须把双赢作为合作的基础，否则这种合作是不会持续太久的。现实中很多企业的灭亡也是由于违背了双赢的原则，失去了唇齿相依的合作者，从而陷入唇亡齿寒的悲剧中。

如果说，零和博弈是“损人利已”，正和博弈是“利已不损人”，那么负和博弈就是“损人不利已”了。所谓负和博弈，是指双方冲突和斗争的结果是所得小于所失。负和博弈也是一种两败俱伤的博弈，结果双方都有不同程度的损失。

有这样一个小故事：

一艘船在海上航行，船舱里藏着一只老鼠。老鼠偷吃船夫的粮食，咬坏船夫的衣物。船夫恨透了老鼠，想捉住它，把它扔到海里去。老鼠有老鼠的办法，它使出看家本领，在船底打洞，它要躲到洞里去，还要把船夫的粮食也搬到洞里藏起来。结果可想而知。这只鼠没有想到，它在船底打洞，不仅毁了船，而且毁了自己。

这就是典型的负和博弈，双方不仅谁都没有捞到好处，还承受了巨大的损失。这便是负和博弈带给我们的结果。

“负和博弈”和“零和博弈”是一种对抗性博弈，或者称为不合作博弈。而“正和博弈”是一种非对抗性博弈，或者称为合作性博弈。

在处理问题时，一般不应采取对抗性博弈，而应制造非对抗性博弈。损人利己不可取，损人不利己就更不可取了，能够做到既利己又不损人，才是皆大欢喜的最好结果，也就是我们平时说的双赢。

小贴士

如何实现从零和博弈到合作双赢：

首先，别见利忘义，做人之本是心存善良。在人际交往的博弈中，之所以会出现“零和博弈”，大多是因为人见利忘义，图谋别人的利益，用欺诈的手段来达到自己的目的。

其次，就是要心胸开阔，能够互相体谅。很多事情，是由于人们心胸不够开阔，遇事不够理性才发生的，比如，邻居之间，如果一方心胸开阔些，另一方体谅一点，就不会发生邻居间感情不睦的事了。

最后，就是要诚心对待别人，即“忍一时风平浪静”。人与人交往，无论在什么时候，都要以诚相待、容忍对方，一些事总会有雨过天晴的一天。

总之，面对博弈中的人际关系，一定要理性地分析，不可为了一己之利，或一时的成功而使良好的人际关系呈现出“零和博弈”的现象。

纳什均衡：己所不欲，勿施于人

2002年第74届奥斯卡的最大赢家属于纪实性电影《美丽心灵》，当观众被影片中表现出来的爱所打动时，荧幕背后的人物原型——约翰·纳什也逐渐走进了人们的视野。

1928年6月13日，约翰·纳什出生于美国的一个军人家庭。他在早期的学习中就展现出优于常人的天赋。1948年，年仅20岁的纳什来到普林斯顿大学，所携带的推荐信上，他的老师只写了一句话："他是一个天才。"

1958年纳什被美国《财富》杂志评为新一代数学家中最杰出的人物。就在纳什的事业将达到顶峰时，却突然遭受命运的无情一击，将他从天堂打入地狱：30岁的纳什患上了严重的精神分裂症。似乎上天也不想一个天才就这么消逝，纳什的妻子，爱莉西亚就是上天赐给他的最好的礼物。在妻子博大的爱和坚定的信念的感染下，在天才与狂乱中，纳什进入了一种狂热的、智力上的极高境界，经过很多年的艰苦努力，他奇迹般地恢复了正常，理性为他带来了心灵的平和。

正是这个"疯子"和"天才"的集合体，数学与经济学的双料怪才纳什，在博弈理论方面的卓越贡献一直改变着我们的生活。他第一次证明了非合作博弈及其均衡的存在性——即著名的"纳什均衡"，从而揭示了博弈均衡与经济均衡的内在联系。他本人也于1994年荣获诺贝尔经济学奖。

在博弈中，各方的行动就是针对对方行动而确定的最佳对策。一旦知道对方在做什么，就没人愿意改变自己的做法，博弈论学者把这样的结果称为“均衡”。

那么，什么是“纳什均衡”呢？简单来说就是，一个策略组合中，所有参与者都面临这样一种情况：当其他人不改变策略时，自己此时的策略是最好的。也就是说，此时如果自己改变策略，自己的支付将会降低。在纳什均衡点上，每一个理性的参与者都不会有单独改变策略的冲动。

日常生活的“买—卖”博弈，可以解释为什么在现实中讨价还价后买卖能做成的原因，因为这对双方来说都是最优选择。同时在“买—卖”博弈中，均衡对双方来说是最优的。

在经济学上，“纳什均衡”对亚当·斯密的“看不见的手”的原理提出挑战。按照亚当·斯密的理论，在市场经济中，每一个人都从利己的目的出发，而最终全社会达到利他的效果。不妨重温一下这位经济学伟人在《国富论》中的名言：“通过追求（个人的）自身利益，他常常会比其实际上想做的那样更有效地促进社会利益。”从“纳什均衡”中引出“看不见的手”的原理的一个悖论：从利己目的出发，结果损人不利己。从这个意义来说，“纳什均衡”提出的悖论实际上动摇了西方经济学的基石。因此，从“纳什均衡”中还可以悟出一个道理：合作是有利的“利己策略”，但它必须符合以下黄金定律：按照别人对待自己的方式对待别人，但只有大家都按同样的方式行事才行。这就像中国人说的“己所不欲，勿施于人”，但前提是人所不欲，勿施于我。另外，“纳什均衡”是一种非合作博弈均衡，在现实中非合作的情况要比合作情况普遍。所以“纳什均衡”是对冯·诺依曼和摩根斯特恩的合作博弈理论的重大发展，甚至可以说是一场革命。

是不是所有的博弈均存在纳什均衡点呢？不一定存在纯策略纳什均衡点——所谓纯策略是指参与者在他的策略空间中选取唯一确定的策略，

但至少存在一个混合策略均衡点——所谓混合策略是指参与者采取的不是唯一的策略，而是其策略空间上的概率分布。这就是纳什于1950年证明的“纳什均衡”。

小贴士

“纳什均衡”的非合作博弈均衡情况：

1. 价格战博弈

假如市场经济中存在污染，但政府并没有有关环境的管制，企业为了追求利润的最大化，宁愿以牺牲环境为代价，也绝不会主动增加环保设备投资。按照“看不见的手”的原理，所有企业都会从利己的目的出发，采取不顾环境的策略，从而进入“纳什均衡”状态。如果一个企业从利他的目的出发，投资治理污染，而其他企业仍然不顾环境污染，那么这个企业的生产成本就会增加，价格就会提高，它的产品就没有竞争力，甚至企业还会面临破产。

2. 贸易自由与壁垒

任何一个国家在国际贸易中都面临着保持贸易自由与实行贸易保护主义的两难选择。贸易自由与壁垒问题，也是一个“纳什均衡”，这个均衡是贸易双方采取不合作博弈的策略，结果使双方因贸易战受到损害。X国试图对Y国进行进口贸易限制，比如提高关税，则Y国必然会进行反击，也提高关税，结果谁也没能捞到好处。反之，如果X和Y能达成合作性均衡，即从互惠互利的原则出发，双方都减少关税限制，结果大家都从贸易自由中获得了最大利益，而且全球贸易的总收益也增加了。

囚徒困境：让利益最大化的理性选择

假设有两名一起犯罪的嫌疑犯正在单独接受审讯，如果检察官分别对他们说，“只有一方认罪的话，他将获得赦免”，那么这两名罪犯应该如何选择呢？

此时，他们两个人都担心对方会背叛自己，所以会首先认罪（背叛），因为自己保持缄默（合作）的话，会被判处最为严重的刑罚。而且即使同伙没有背叛，自己也应该选择认罪，因为按照检察官说的，只有一个人认罪时，他将得到赦免，这样一来自己就逃过了牢狱之灾。也就是说，无论哪种情况，自己选择认罪（背叛）都是最合理的行为。于是，两名罪犯都会在这种想法的驱使下选择认罪。最终导致了比同时选择缄默更坏的结果。这就是囚徒困境的基本内容，可以用下面这个表格表示：

“囚徒困境”分析表

	缄默（合作）	认罪（背叛）
缄默（合作）	服刑 2 年 服刑 2 年	服刑 10 年 服刑 10 年
认罪（背叛）	服刑 10 年 服刑 10 年	服刑 5 年 服刑 5 年

为什么聪明的囚犯，却无法得到最好的结果呢？两个人都招供，对

两个人而言并不是集体最优的选择。无论对哪个人来说，两个人都不招供，要比两个人都招供好得多。而现实的不良结局就是因为囚犯二人都基于自私的角度考虑，最终导致错失最好的选择。

其实，这个“囚徒困境”问题告诉我们合作是怎样产生的。要解决困境，我们需要面对两个问题，一是人的自私问题，二是对别人的信心问题。协调好这两个问题，最佳合作方案也就出炉了。在生活中，囚徒困境随时可能发生在我们身上，所以，一个很现实的问题就是如何走出囚徒困境。由于博弈的双方都想取得一个令自己满意的结果，所以，保证自己对对方充满信任是非常重要的。摒除猜疑的想法，建立起一种相互信任的气氛，可以极大地帮助人们走出困境。

1944 年的圣诞夜，两个迷了路的美国大兵拖着一个受了伤的兄弟在风雪中敲响了德国西南边境亚尔丁森林中一栋小木屋的门，屋子的主人，一个善良的德国女人，轻轻地打开了门。

家的温暖在一瞬间慰藉了三个又冷又饿的美国大兵。女主人开始有条不紊地准备圣诞晚餐，没有丝毫的慌乱与不安，没有丝毫的警惕与敌意。因为她相信自己的直觉：他们只是战场上的敌人，而不是生活中的坏人。美国大兵们静静地坐在炉边烤火，除了燃烧的木柴偶尔发出一两声脆响外，静得几乎可以听见雪花落地的声音。

正在这时候，门又一次被敲响了。站在满心欢喜的女主人面前的，不是来送礼物和祝福的圣诞老人，而是四个同样疲惫不堪的德国士兵。女主人同样用西方人特有的方式告诉她的同胞，这里有几位特殊的客人。今夜，在这栋弥漫着圣诞气息的小木屋里，要么发生一场屠杀，要么一起享用一顿可口的晚餐。在女主人的授意下，德国士兵们垂下枪口，鱼贯进入小木屋，并且顺从地把枪放在墙角。

于是，1944 年的圣诞烛火见证了“二战”史上奇特的一幕：一名德国士兵慢慢蹲下身去，开始为一名年轻的美国士兵检查腿上的伤口，然后扭过去向自己的上司急速地诉说着什么。人性中善良温情的一面决定了他们的感觉是奇妙而美好的，没有人担心对方会把自己变成用来邀功请赏的俘虏。第二天，睡梦中醒来的士兵们在同一张地图上指点着，寻找着回到己方阵地的最佳路线，然后握手告别，沿着相反的方向，消失在白茫茫的雪原中。

上面这个故事中的美国士兵和德国士兵可以说是战争中的死敌，但是由于受到客观条件的影响，共同陷入了困境。庆幸的是，他们和女主人一起建立了一种和谐的关系，并最终一同走出了困境，令人称奇。试想，如果在这个困境中，有一方产生了不和谐的想法，势必会引发杀戮，结果必然是两败俱伤。所以，保持这种和谐信任的关系，是双方的明智之举，而这种关系必须依赖于相互信任的态度。

囚徒困境的核心问题在于，一方由于担心对方会出卖自己、不跟自己合作，便会为了维护自己的利益而率先采取有利于自己的措施。产生这种现象的根源在于，两方当事人事先不能通气，不知道对方会做出什么样的选择，完全在猜测中进行决策，自然也就缺乏对对方准确的判断。那么在生活中，如果能够避开这种信息的沟通不畅，就可以很好地合作，获得想不到的效果。

在现实生活中，只要摒除了囚徒困境中不通信息的弊端，就可以在知情的情况下做出有利于两方的选择，这就是所谓的“串谋”。综合来看，囚徒困境给我们的启示有以下几点：

1. 如果你能够在做出决策之前与相关方取得最直接的联系，那么一定要选择双赢的策略，这才是长期合作的战略家眼光。

2. 即便是不知情的情况，也要相信你的朋友和战友，只有信任才能让同一利益战线上的人不被击垮。

3. 人的本质是自私自利的，如果你能够很好地利用这一点，便可以变不利为有利，让自己走出困境。

总之，囚徒困境是对生活的简单抽象，不管如何，你一定要做一个掌握主动权的强悍的“囚徒”，让自己成为事情的主宰者，这样才不会被对手出卖。

小贴士

如何突破“囚徒困境”：

1. 让自己走出“囚徒困境”

当人们陷于“囚徒困境”时，做出的决策都是从自己的利益角度出发的，但结果是谁也得不到好处，即在人们自私心理的驱使下，导致的结果是“两败俱伤”。此时，“胆大”的人行事可能有风险，但即使有风险，也会在自己的心理预期范围内。简单来说，“胆大”的人也许是在找死，但很可能会死里逃生铸就辉煌，而“胆小”的人只能坐以待毙。显然，博弈论中的最优策略就是“胆大”。

2. 找到对方的缺点，方可成功

善攻对手软肋，莫要输在自己的弱点上。很多人输给对手，并不是因为对手比自己强大，而是败在自己的弱点上。当自己的弱点成为对手攻击的软肋时，也就意味着胜利的主动权已经交到对方手里。换个角度来讲，当你面对劲敌时，硬攻不一定是最好的方法。只有寻找对手的弱点，攻其软肋，方可成功。

3. 利用优势策略

假如你有一个优势策略，无论你的对手选择怎么做，你按照这个策略做都比采用其他策略更好。如果你选择相继行动，而你的对手先行，你就应该选择自己的优势策略。这是你针对你的对手每一个行动的最佳对策，也是针对现在他选择的这个特定行动的最佳对策。但是，如果你先行，你就不会知道你的对手将会采取什么样的行动，而他会观察你的选择，同时做出自己的决定，所以说你的选择会影响他的行动。在这种情况下，如果采用优势策略以外的策略，你将更有效地施加这种影响。

4. 合作突破“囚徒困境”

在双方博弈中，要想突破“囚徒困境”，合作是最好的途径。合作是通过协调个体活动，优化资源配置，整合群体优势，实现整体能力增强，总体收益增加，个体利益有所增长。

博弈中的信息论：信息等同于财富

我们先来回顾一下《三国演义》中的空城计：

诸葛亮误用马谡，致使街亭失守。随后司马懿引大军15万蜂拥而来。当时诸葛亮身边只有一班文官，5000军士已分一半先运粮草去了，只剩2500军士在城中。于是，诸葛亮传令打开城门，每一门用20军士扮作百姓，洒扫街道。而诸葛亮于城上敌楼前凭栏而坐，焚香操琴。司马懿自马上远远望见诸葛亮笑容可掬，顿时怀疑其中有诈，立即叫后军作前军，前军作后军，急速退去。司马懿之子司马昭问："莫非诸葛亮无军，故作此态，父亲何故便退兵？"司马撼说："诸葛亮平生谨慎，不曾弄险。今大开城门，必有埋伏。我兵若进，中其计也。"诸葛亮见魏军退去，拊掌而笑，众官无不骇然。

诸葛亮的空城计运用了信息干扰的手段，从而使司马懿做出错误的判断，认为诸葛亮在用计设伏，所以不但不敢进城，而且匆匆退军离去。这就是信息在博弈中的重要作用，毫不夸张地说，信息决定博弈结果。

在经济学家看来，信息是人们做出决策的基础。就像你在买股票前，一定会先做一下基本面分析，了解这家公司的业绩情况，还要根据市场信息，选定入手的时机，购好股票之后，又会根据市场信息，随时调整自己的持股量，以及卖出的时机。而很多人也会在买东西之前货比三家，尽可能多地收集商品信息，使自己在与商家的博弈中不至于吃亏。可以说在经济生活中，掌握了信息就掌握了优势。

因此，信息传递已经成为一种博弈智慧，而不仅仅是一门科学。如何获得信息、利用信息，是决策者进行博弈决策的关键。

有一则征兵广告在美国因为既幽默又有智慧而家喻户晓。这则征兵广告面世后，收效十分明显。它改变了死气沉沉的征兵局面，使许多青年踊跃应征入伍。征兵广告是这样写的：

> “当兵其实并不可怕，来当兵吧！应征入伍后你无非有两种可能：有战争或没战争。没战争有什么可怕的？有战争后又有两种可能：上前线或者不上前线。不上前线有什么可怕的？上前线后又有两种可能：受伤或者不受伤。不受伤又有什么可怕的？受伤后又有两种可能：轻伤和重伤。轻伤有什么可怕的？重伤后又有两种可能：可治好和治不好。可治好有什么可怕的？治不好更不可怕，因为你已经死了。”

这份别出心裁的征兵广告是一位著名心理学家写的，有记者采访他，问道：“为什么这份征兵广告能深入人心，取得这么好的效果？”他回答道：“当人们有了接受最坏情况的思想准备后，就有利于应对和改善可能发生的最坏情况。”当时，几乎没有人愿意去服兵役，青年们都在去还是不去服兵役这两个选择之间进行博弈，而这则广告会让青年人产生去服兵役的想法。信息的价值正在于此，我们在大部分情况下，很难掌握影响未来的所有因素，于是做出准确的决策变得极为困难，而信息则会帮助决策者衡量利弊，做出对自己有益的决策。

一般来说，获得信息优势的人会占上风，因为博弈双方对信息的掌握通常是不对称的，占有优势的人可以通过披露信息的方式来改变双方的资源配置情况，从而实现影响博弈的结果。作为生活中最有价值的东西，信息无价但又无处不在。只要你做个有心人，善于捕捉有用的信息，就会从每天的平凡生活中，获取大量有价值的信息。人们在日常生活中吸取着信息，也在传播着信息。你的熟人、亲戚、朋友、现在的邻居、甚至偶然遇到的陌生人等，都可以成为你的信息源。尤其是那些与你的工作生活有关的人，比如，同行业的合作者、竞争者，有着共同喜好和追求的朋友，往往能够提供大量的、直接的宝贵信息。

信息时代，信息无价，这个世界缺少的不是信息，而是发现信息的眼睛。对于有些人，信息只是过眼烟云，转瞬即逝，只有那些善于获取、甄别信息，并能有效利用各种信息的人，才能让信息的真正价值得到体现。

小贴士

如何正确面对瞬息万变的经济信息，把握市场脉动：

1. 确定信息来源

随着网络的日益普及，目前不论在宏观经济还是微观经济活动中，都会产生大量的经济信息，人们通过对信息的接收、传递和处理，反映和沟通各方面经济情况的变化，借以调整和管理交易头寸，实现成功投资的目的。经济信息按内容分为计划信息、控制信息、生产和经营信息、统计信息等，按信息属地分为中国数据和美国等国外数据。对于资本市场来说，这些信息的掌握和政策预见非常重要，但由于网络的泛滥，很多信息都是未经证实的小道消息，尤其是市场出现重要反转走势时，小道消息更是满天飞，投资者稍有不慎就会落入消息陷阱，最终造成投资失误。准确判断政策取向，官方权威网站是唯一的选择，如人民网、新华网、路透网、和讯网等。

2. 正确解读信息内容

在所有的经济信息中，商品及股指期货投资者必须关注的信息数据有：中国月、季度宏观经济数据，中国宏观经济政策，美国宏观经济政策，美国宏观经济数据，美国商品市场数据。

在宏观数据中，一定要了解的重要指标有国内生产总值（GDP）、消费者信心指数（CCI）、消费者物价指数（CPI）、生产者物价指数（PPI）。

国内生产总值（GDP）是指对一国（或地区）经济在核算期内所有常住单位生产的最终产品总量的度量，常常被看成显示一个国家（或地区）经济状况的一个重要指标。

消费者信心指数（CCI）反映消费者对就业、经济和支出的感受，预示了未来消费支出的变化。它由消费者满意指数和消费者预期指数构成。当消费者信心强时，经济通常繁荣，反之经济走势衰退。

消费者物价指数（CPI）反映城乡居民购买并用于消费的消费品及服务价格水平的变动情况，同时反映通货膨胀的程度。CPI 上升时，表明通货膨胀率上升，货币购买力减弱，CPI 下降时，表明通货膨胀率下降，货币购买力上升。

生产者物价指数（PPI）是衡量工业企业产品出厂价格变动趋势和变动程度的指数，是反映某一时期生产领域价格变动情况的重要经济指标，也是制定有关经济政策和国民经济核算的重要依据。

3. 判断政策取向，确定交易策略

在判断经济走向及经济政策时，重要参考指标有国内生产总值（GDP）、消费者物价指数（CPI）、消费者信心指数（CCI）、内需的扩大或缩小、外贸逆差或顺差、信贷总规模的变化、房地产调控政策等。这些指标的数值将在很大程度上决定宏观政策，如央行票据的发行、存款准备金的改变、利率变化、通胀预期的管理和实行，同时也要密切关注国家高层及重要部门的言论。

4. 根据预期和现实把握获利机会

在经济政策即将发生调整或商品市场数据即将公布时，市场各方人士总会发表各种预期，所以，当市场公布利好消息时，提前预期利好的人们已经事先买入，不知道的人们会在公布时买入，还有一部分人会利用利好兑现逢高获利了结。

5. 根据事件反应，确定市场趋势

在资本市场中，除了经济信息对走势产生影响外，还有一些无法预期的事件发生，比如自然灾害等随机发生的事件，因为它们不会预先反映在价格中。因此它们发生后的市场反应，如利空消息市场上涨或利多消息市场下跌，可以透露重大讯息，告诉我们市场的基本价格趋势。

博傻理论：是什么在驱使投机行为

著名经济学家凯恩斯曾经专注从事学术研究。他靠出外讲课赚取一些课时费，但课时费的收入毕竟是有限的。于是，1919 年，凯恩斯借了几千英镑去做远期外汇投资生意。仅仅 4 个月的时间，凯恩斯净赚 10000 多英镑，这相当于他讲课 10 年的收入。但 3 个月后，凯恩斯把赚得的利润和借来的本金输了个精光。7 个月后，凯恩斯又涉足棉花期货交易，大获成功。凯恩斯把期货品种几乎做了个遍，还涉足股票。到 1937 年他因病“金盆洗手”的时候，已经积攒了一生享用不完的巨额财富。

凯恩斯不同于一般的赌徒，他毕竟是一位经济学家，在这场投机的生意中他不仅赚取了可观的收入，更重要的是他总结并发现了“笨蛋理论”，也有人称之为“博傻理论”。这个理论揭示了人们投机行为背后的原因。在资本市场中，人们之所以完全不管某个东西的真实价值而愿意花高价购买，是因为他们预期有一个更大的笨蛋会花更高的价格把它买走。也就是说，只要认为自己不是最傻的人，就会投资，而如果能找到比自己更傻的人，就一定能赚钱。

凯恩斯曾经打过一个比方来解释自己的理论：资本投资可以类比为报纸举办的“选美”比赛。如果让一个人从 100 张照片中选出 6 张最漂亮的面孔，谁的答案最接近全体参选者的标准就会获奖。这时参选者考虑的不是自己对这些脸的评价，而是通过预计一般人的审美观来决定自己的选择，哪怕答案中的脸是自己认为丑陋的。因为漂亮是一种比较抽象的概念，每个人的标准都不同，所以我们发现当今世界最美丽的模特其实并不具备完美的状态，而只是接近完美。其实，股票市场也是如此，人们遵循的也是这个策略。“博傻理论”要揭示的就是投机行为背后的动机，投机行为的关键是判断“有没有比自己更大的笨蛋”，只要自己不是最大的笨蛋，那么自己就一定是赢家，只是赢多赢少的问题。如果再也没有一个愿意出更高价格的笨蛋来做你的“下家”，那么你就成了最大的笨蛋。可以这样说，任何一个投机者信奉的无非是“博傻理论”。

这一理论的直接恶果是促成了投机的氛围，使得人们偏离理性的行为决策范畴，成为跟风、投机的笨蛋，最终都损失惨重。人们难以想到世界经济发展史上第一轮重大投机狂潮，是由一种小小的植物引发的。这一投机事件因荷兰由一个强盛的殖民帝国走向衰落而被载入史册，这也是迄今为止证券交易中极为罕见的一例。经济学上特有的名词“郁金香现象”便是由此产生的。

> 1630年前后，荷兰人培育出一些新奇的郁金香品种，颜色和花型都比其他品种好，很快风靡欧洲上流社会，达官贵人争相购买。于是，郁金香的价格节节攀升，到1635年，巴黎一枝最好的郁金香花茎的价格相当于110盎司的黄金。
>
> 1636年10月之后，不仅珍贵品种的郁金香价格被抬高，几乎所有的郁金香价格都飞涨不已。1637年年初，荷兰市场上郁金香的价格被抬高了十几倍，甚至几十倍。郁金香花达到了空前绝后的辉煌。但是一些清醒的人开始认识到自己的狂热，到1637年2月底，一些投资者开始逐渐意识到郁金香的交货时间快要到了。一旦把郁金香的球茎种到地里，就很难再转手买卖了。他们开始怀疑，花这么大

的价钱买来的郁金香球茎究竟值多少钱？结果很多人被吓出了一身冷汗，觉得前不久还奇货可居的郁金香合同一下子变成了烫手山芋。一些持有郁金香合同的人宁可少赚点钱也要把合同抛给别人。在人们的信心动摇之后，郁金香价格立刻开始下降。价格下降导致人们进一步丧失对郁金香市场的信心。后来价格急剧下降，有些名贵品种的郁金香价格狂跌到最高价位的0.005%。持有郁金香合同的人迫不及待地脱手，可是，在那个关头很难找到“傻瓜”。恶性循环导致郁金香市场全线崩溃，结果很多人都成了最大的傻瓜，赔了很多钱。

荷兰郁金香市场崩溃是因为人们过于相信自己能够找到比自己更傻的人，但最后却没有找到，结果很多人花巨额的资金买了根本不值钱的东西，导致经济泡沫的出现。而股票市场跟这种期货市场是十分相似的。因为股票本身并不创造价值，人们想要从股市中赚钱，就要通过比比谁最傻，去把别人口袋中的钱装进自己的口袋里。股民大都抱着这样一种心态：不怕股票的价格越来越高，只要有人愿意比我出更高的价格买走我手中的股票，我就会赚钱。只要我不是最后那个傻瓜，我就是聪明的赚钱者。但是很多人一不小心就成了最后的傻瓜，“博傻”失败，最终将辛辛苦苦赚来的钱都赔光了。

小贴士

面对博傻，如何保持好心态：

1. 对于博傻行为，可以分成两种，一种是感性博傻，另一种是理性博傻。前者在行动时并不知道自己已经进入一场博傻游戏，也不清楚游戏的规则和必然结局。而后者，则清楚地知道博傻及相关规则，只是相信当前状况下还有更多更傻的投资者即将介入，因此投入少量资金赌一把。

理性博傻能够赢利的前提是，有更多的傻子来接棒，这就涉及对大众心理的判断。当投资大众普遍感觉到当前价位已经偏高，需要撤离观望时，市场真正的高点也就来了。“要博傻，不是最傻”，这话说起来简单，做起来却不容易，因为到底还有没有更多更傻的人是不容易判断的。一不留神，理性博傻者就成了最傻者，谁让他加入了傻瓜的候选队伍呢？所以，要参与博傻，必须对市场的大众心理有比较充分的研究和分析，并控制好心理状态。

2.“投资要用大脑而不是用腺体”是巴菲特的名言。大脑要做的是判断企业经营前景和大众心理趋向，而腺体只会让人按照本能去做事。对于博傻现象，完全放弃也不是最合理的做法，在自己可以掌控的水平上，适当保持一定程度的理性博傻，可以作为非理性市场中的一种投资策略。

在深沪股市中，投机气氛总是或多或少地存在，相当多的投机者并不理性，有时甚至就是疯狂赌博。对于业余投资者而言，这种博傻带来的利润不太容易把握，但对于职业投资者而言，应该试着利用这种市场氛围，投入一定比例的资金理性博傻。

高价买进、低价卖出是股市操作的大忌，但有人高价追货能在更高价卖出；低价卖出，还可以在更低价位补回。很多时候市场不能用简单的价值理论去推测，人心狂热的时候，理性的价值评估往往会失效，这时，就需要从大众心理的角度来思考问题，并依据对市场情绪的“望闻问切”来判断行情最危险的时候是否已悄然而至。

概率事件：信息不对称情况下的博弈对策

一名游客要去某风景区游玩。每天开往风景区的交通车只有3辆，两趟车前后的间隔时间为5分钟。3辆车票价相同，但舒适程度有高、中、低之分。我们把它们分别称为上等车（简称上）、中等车（简称中）、下等车（简称下）。这个游客不知道哪辆车最舒适，也不知道汽车开过来的顺序。不过对于他来说，多等5分钟或10分钟时间没什么关系，关键是要坐上最舒适的那辆车。

那么这名游客采取什么样的候车策略，才最有可能搭上最舒服的那辆车？

这就是一个不确定环境下的决策问题。这里的不确定性，源于游客对不同舒适程度的3辆车开过来的顺序并不清楚。但列举起来，行车顺序无非有如下6种状态：上中下、上下中、中上下、中下上、下中上、下上中。如果游客任意选择一辆车搭乘，他这种“随便”的选择，使他搭乘到最舒适的车的概率为1/3。

当然，游客也可以设计复杂一点的策略：第一辆车不上，如果第二辆比第一辆好就上第二辆，如果第二辆比第一辆差就上第三辆。这样的策略会使其搭上最舒适的车的可能性是多少呢？

统计一下，我们会发现，采用这个相对不那么“随便”的策略，游客乘上最舒适汽车的概率是1/2，如下表：

乘车策略分析表

车序	上中下	上下中	中上下	中下上	下中上	下上中
游客策略成功	否	是	是	是	否	是

两种策略一比较，我们可以明显看出，比之“随便”策略下的概率1/3，游客现在搭上最舒适汽车的可能性增加了 1/2−1/3=1/6。这也给了我们一种启示：当存在多个候选对象的时候，没有必要仓促地做决定，等一等、看一看、比较比较，可以提高获得最佳对象的概率。这里的候选对象，可以是商业计划方案，可以是待购的物品，也可以是待雇用的求职者，或者是你中意的女孩。

这个例子是经济学上“不完全信息博弈”的典型案例。在不完全信息博弈中，我们已知的信息虽然不确定，但是会出现什么情况是有一定概率的，我们要做的是，尽可能准确地计算出每种情况的出现概率，然后做出最优决策。

不过生活中有很多时候，我们难以对一个随机事件进行大量的重复试验，没有办法得到确切的概率，甚至有些不确定的事件，我们一生只遇到一次，这时我们应该怎么评估事件实现的概率呢？

在没有条件进行充分的概率计算，或是没有时间仔细考虑的时候，我们对不完全信息博弈的决策，取决于我们的经验或常识。通常我们会对其实现的可能性做出主观评估，这就是主观概率。

我们很难说明主观概率是否合理，或者一个人的主观概率判断是否正确，但是在决策的时候我们会不自觉地使用到主观概率。而且确实存在这样的事实：有经验的人比没有经验的人更能准确地判断形势。或者说，经验有助于提高主观概率的合理性或准确性。经验丰富的人做出的决定在事后被验证为恰当的概率要比缺乏经验的人高得多。这可能是经验在决策中占据重要地位的原因。

也许有人会问，为什么有经验的人比缺乏经验的人能做出更恰当的决定？对此有一个解释是，错误的决定多少会对个人的成功有所妨碍，恰当的决定多少会对个人的成功有所促进。因此，在优胜劣汰的竞争过程中，经常做出错误决定的人可能会被进化的筛子过滤，而那些仍能留在筛子上的人，往往是能够“经常”做出恰当决定的人。

小贴士

信息不对称时的应对策略：

1. 信息占有多的人采取进攻策略，信息占有少的人采取防守策略

信息占有不同的博弈者所采取的策略应该是不同的。信息占有多的一方可以采取更为冒险的行动，即使操作错了也没有太大风险。因为对手的信息少，可能经常发现不了他的错误；即使发现了一般也会比自己慢一拍，还有抢先弥补错误的机会；即便没来得及弥补，被对手抓住了漏洞，也可以在以后的过程中化解，只要对手在以后的应对中由于信息劣势应对错一次，就会丧失优势，信息占有多的一方就可能反败为胜。

反之，信息占有少的一方则应该采取保守的策略，最好待在一个安全的位置不动，没有十分的把握不要轻易出手，出手后一旦对未来的变化看不清楚，就要立刻撤回安全位置。因为对他来说，对方在干什么自己并不清楚，而自己在干什么对方却一清二楚，自己的任何错误都可能被对手利用带来致命的损失。所以不能有任何侥幸心理，只有采取最保守的策略，争取不犯错误，才是安全的。

2. 信息占有多的人机会多，信息占有少的人机会少

所谓可以抓住的机会就是每个人根据自己掌握的信息能够判断出的

机会。每个人由于占有的信息不同，能够判断出的机会也不同。很多局面在信息占有量大的一方看来，发展的方向是很明确的，是可以利用的机会，但在信息占有量较少的一方看来，未来将如何发展完全是一个未知数。所以，信息占有多的人机会多，信息占有少的人机会少。如果每个人都充分利用可把握的机会，且都不出现操作失误，则信息占有多的一方可以获得更大的收益。

第八章

谁在掌控话语权：不可不知的国际贸易、金融经济学常识

国际贸易：分工合作，优势互补

从前有两个国家，纺织国和飞机国。纺织国有1亿人口，会织布做衣服，年产2亿条裤子。飞机国也有1亿人口，不仅会纺织，还会造飞机，年产2亿条裤子，造10架飞机。

纺织国要卖给飞机国1亿条裤子，才能买回1架飞机。两国贸易之后，社会财富分配如下：纺织国拥有1亿条裤子和1架飞机，飞机国拥有3亿条裤子和9架飞机。纺织国1个人1年只有1条裤子穿，1亿人只能挤1架飞机。而飞机国，1个人1年能穿3条裤子，9架飞机随便坐，比纺织国的老百姓坐火车还便宜！两国人民付出了同样的劳动和汗水，飞机国的人均财富竟然是纺织国的3—5倍。

第2年，飞机国改变策略，决定不生产裤子了，因为他们发现只要多卖几架飞机，就能换回几亿条裤子，足够全国老百姓的穿用。从此以后，飞机国的老百姓都解放了，经常泡吧、喝咖啡、出国度假旅游、到纺织国投资……而纺织国也不用再挤一架飞机了。

纺织国和飞机国之间的贸易称为国际贸易或世界贸易，它是指不同的国家和地区之间进行商品和劳务交换的活动。它由进口和出口组成，所以也常常被称为进出口贸易。从根本上说，国际贸易和国内贸易并无不同，但是它在不同国家和地区间进行，容易受到国际政治、经济、双边关系等局势变化的影响，所以与国内贸易相比具有以下特点：

1. 国际货物贸易要涉及不同国家或地区在政策法规方面可能存在的差异和冲突，以及语言文化、风俗习惯等方面的差异，所涉及的问题要比国内贸易复杂得多；

2. 国际贸易交易的数量和金额一般较大，运输距离较远，执行时间较长，因此交易双方所承担的风险要比国内贸易大得多；

3. 国际贸易容易受到交易双方所在国家的政治、经济、对外关系等条件的影响；

4. 国际货物贸易除了交易双方，还涉及运输、保险、银行、商检、海关等部门的协作、配合，过程要比国内贸易复杂得多。

国际贸易对参与贸易的国家乃至世界经济的发展具有重要作用，主要表现在：调节各国市场的供求关系；促进生产要素的充分利用；发挥比较优势，提高生产效率；提高生产技术水平，优化国内产业结构；等等。

调节各国市场的供求关系，互通有无是国际贸易的重要功能。世界各国由于受生产水平、科学技术和生产要素分布状况等因素的影响，生产能力和市场供求状况存在着一定程度的差异，各国既存在产品供不应求的状况，又存在着各种形式的产品过剩状况，而通过国际贸易不仅可以增加国内短缺产品的市场供给量，满足消费者的需求，还为各国国内市场的过剩产品提供了新的出路，在一定程度上缓解了市场供求的矛盾，从而调节各国的市场供求关系。

当今世界，劳动力、资本、土地、技术等生产要素在各个国家的分布往往是不平衡的，有的国家劳动力富余而资本短缺，有的国家资本丰裕而土地不足，有的国家土地广阔而耕作技术落后。如果没有国际贸易，这些国家国内生产规模和社会生产力的发展，都会受到其短缺的生产要素的制约，一部分生产要素将被闲置或浪费，生产潜力得不到发挥。通过国际贸易，这些国家就可以采取国际劳务贸易、资本转移、土地租赁、技术贸易等方式，将国内富余的生产要素与其他国家交换国内短缺的生产要素，从而使短缺生产要素的制约得以缓解或消除，富余生产要素得以充分利用，扩大生产规模，加速经济发展。

各国参与国际贸易的重要基础是比较利益和比较优势，利用比较利益和比较优势进行国际分工和国际贸易，可以扩大优势商品生产，缩小劣势商品生产，并出口优势产品从国外换回本国处于劣势的商品，从而在社会生产力不变的前提下提高生产要素的效能，提高生产效率，获得更大的经济效益。

国际贸易还能为一国政府开辟财政收入的来源，并提高国民福利水平。政府既可以从对过往关境的货物征收关税或为过境货物提供服务等方面获得大量财政收入，还可以通过进口国内短缺而又是国内迫切需要的商品，或者进口比国内商品价格更低廉、质量更好、式样更新颖、特色更突出的商品，来使国内消费者获得更多的福利。此外，国际贸易的扩大，特别是劳动密集型产品出口的增长，将为国内提供更多的就业机会，间接增进国民福利。

如今，世界各国广泛开展国际贸易活动，这不仅把生产力发展水平较高的发达国家互相联系起来，而且把生产力发展水平较低的广大发展中国家卷入国际经济生活中。国际市场的竞争活动，也促使世界总体的生产力发展进一步加快。这不仅促进了发达国家的经济发展，也促进了不发达国家和地区的经济发展。

小贴士

国际贸易的重要作用和发展趋势、特点：

1. 国际贸易的重要作用

（1）调节各国市场的供求关系；

（2）促进生产要素的充分利用；

（3）发挥比较优势，提高生产效率，各国参与国际贸易的重要基础是比较利益和比较优势；

（4）提高生产技术水平，优化国内产业结构；

（5）增加财政收入，提高国民福利水平国际贸易的发展，可为一国政府开辟财政收入的来源；

（6）加强各国经济联系，促进经济发展。

2. 国际贸易的发展趋势、特点

（1）国际贸易步入新一轮高速增长期，贸易对经济增长的拉动作用愈加明显；

（2）以发达国家为中心的贸易格局保持不变，中国成为国际贸易增长的新生力量；

（3）多边贸易体制面临新的挑战，全球范围的区域经济合作发展迅猛；

（4）国际贸易结构走向高级化，服务贸易和技术贸易发展方兴未艾；

（5）贸易投资一体化趋势明显，跨国公司对全球贸易的主导作用日益增强；

（6）贸易自由化和保护主义的斗争愈演愈烈，各种贸易壁垒花样迭出。

以贸易全球化为首要内容的经济全球化，对中国经济和商务发展产生了深刻影响。深入分析和把握当前国际贸易的发展趋势和特点，对于我们科学决策，在更大范围、更广领域和更高层次参与国际经济合作与竞争，把握好经济全球化带来的各种机遇，具有十分重要的意义。

顺差与逆差：出口与进口的关系

从前有两个海岛，一个叫勤俭岛，另一个叫挥霍岛。勤俭岛的居民很勤劳，每天努力工作，生产出大量食物，不仅满足了本岛居民的需要，还出口到挥霍岛。挥霍岛上的居民素来不喜欢工作，十分热衷于消费。他们用本岛发行的债券从勤俭岛进口食物。年复一年，勤俭岛上的居民积累了大量挥霍岛的债券，于是拿债券购买了挥霍岛的土地，最终将挥霍岛据为己有。

用经济学的观点来看这则故事，很明显在勤俭岛和挥霍岛的贸易中，勤俭岛处于顺差地位，挥霍岛处于逆差地位。这个故事曾被美国投资大师巴菲引用，他以挥霍岛的贸易逆差来比喻美国的巨额贸易逆差，并指出它会给国家带来巨大的危害——导致美国的净资产以惊人的速度向海外流失。

那么什么是顺差，什么是逆差呢?

在经济学中，贸易顺差是指特定时期（如一年、半年、一季、一月）内，一个国家的商品出口总值大于进口总值，又称出超，说明该国特定时期的国际贸易处于有利地位；贸易逆差则与之相反，是指一个国家的进口总值大于出口总值，又叫入超，说明一国的外汇储备减少，该国商品的国际竞争力弱，该国特定时期在对外贸易中处于不利地位。如果出口总值与进口总值相当，则称为贸易平衡。

一般来说，出口大于进口的贸易顺差将提供就业机会，所以人们大多不反对出现这种情况。拥有的外汇越多，抵御各种风险的能力就越强。比如在1998年亚洲金融危机期间，雄厚的外汇储备让我国免受冲击。相反，巨额的贸易逆差表明一个国家的国际清算能力弱，对该国的国民经济也会产生不利的影响，因而各国政府都力图避免出现这种情况。然而，任何事情都有其两面性，贸易顺差也不是越多越好。

过高的贸易顺差是危险的，它往往意味着本国经济的增长主要依赖于外部需求。对外依存度过高，抵御风险的能力低，一旦外部需求降低，本国经济将受到致命的打击。

总之，在国际贸易中，顺差并非越大越好，外汇储备也并非越多越好，适度的贸易逆差反而有利于经济的发展。在国际贸易中，我国不能只追求顺差，而是要力求贸易的基本平衡，这样才能实现经济平稳快速地发展。

小贴士

贸易顺差骤减时，出口企业如何应对？

1. 企业困难并非完全由于国内金融政策过紧所致，国家只能通过政策调整使经济不至于突然减速，出现大起大落，因此企业不能对国家政策调整抱太大希望。

2. 多数中小企业想在困难中生存下去，指望政策救护，不如积极自救。而成本上升、出口订单竞争激烈等问题，只能通过企业产业升级、合并重组来解决。要想获得订单，谋取利润，必须忍受产业升级、重组的剧痛甚至是被淘汰的结局。

贸易保护和贸易壁垒：调整国际贸易的措施

1635 年日本江户时代德川幕府明令禁止日本人出国、禁止在外的日本人回国，并规定与外国的贸易关系仅允许在长崎进行，而且对象仅限于中国和荷兰。这项禁令直到 1868 年德川幕府被推翻才被废止。

1757 年，一道圣旨从京城传到沿海各省，下令除广州一地可以对外通商外，停止厦门、宁波等港口的对外贸易，这就是所谓的“一口通商”政策。清政府对自己的经济和政治实力盲目自大，开始奉行闭关锁国的政策。

日本德川幕府和清政府为了维护统治，保障本国经济的发展免受外来势力的影响，都采取闭关锁国的贸易保护政策，这种政策虽然在一定的时间里保障了国家安全，避免了国内外反对势力的联系和西方殖民主义的渗透，但是中国和日本没能学到西方资产阶级革命和工业革命带来的先进技术，这直接导致了中日两国与外界经济的差距。

在经济学中，贸易保护主义是指在对外贸易中实行限制进口以保护本国商品在国内市场免受外国商品竞争，并向本国商品提供各种优惠以增强其国际竞争力的主张和政策。我们日常生活中见到的地方保护政策，限制外来产品的数量或者价格，从本质上来说就是缩小型的贸易保护主义。

贸易保护主义的手段通常就是关税壁垒或者非关税壁垒，关税壁垒即通过征收高额进口关税阻止外国商品的大量进口，而相对的非关税壁垒则不针对关税，通过进口许可证制、进口配额制等一系列非关税措施来限制外国商品自由进口。总而言之，不管是什么方法，重点只有两个字，就是“限制”。

贸易保护政策都是由政府决定的，具有很大的强制保护性，主要的壁垒形式有：绿色壁垒、技术壁垒和贸易管理。

绿色壁垒其实并不是指关税，而是产品本身，相信大家都很熟悉“绿色食品”这个概念，目前市场上很多商品都是采取化工类技术生产的，对人的健康以及环境都有一定的危害，而把绿色无污染无危害作为进口产品的限制标准就是绿色壁垒。工业发达国家以生态环保为借口，凭借其经济和技术的垄断地位，制定了一系列苛刻的环保措施和高于发展中国家技术水平的环境质量标准，对本国市场和工业形成保护，构筑了一道绿色屏障。

技术壁垒既不针对传统的关税也不针对进口产品，而是针对国内的产品。随着经济发展，科学技术和管理水平都在提高，各国产品的技术规范、标准和合格评定程序日益科学与成熟，通过加强国内产品的技术优势与规范而要求进口产品也达到一定的高标准，无形之中就对有关进口产品形成了技术障碍，从而限制其进口。

贸易管理则是由国家政府直接干预，通过改善国内市场环境，提高本国企业竞争力。多是采取限制出口、贸易补贴等手段，比较适用于发达国家对其战略性产业发展的保护，具有很强的壁垒效应，是新贸易保护主义者极力主张的政策手段之一。

善于观察历史的人会发现，贸易保护有一定的规律可循，通常在一国经济比较落后，经济危机，或者国内优势面临威胁的时候，该国会采取贸易保护主义来维护国内市场的稳定，也就是说贸易保护与自由贸易通常是交替出现的，比如19世纪40年代之前西方工业国家都实行保护主义，而从1846年到19世纪70年代，各国又开始实行自由贸易。随后经历第二次世界大战，自由贸易持续到20世纪60年代，70年代新贸易保护主义产生，也就是现在各国普遍使用的贸易保护主义。

通过对种种经济形势时进行考察我们可以发现，世界经济处于增长和繁荣阶段易实施自由贸易政策，而世界经济面临或处于萧条阶段易实施贸易保护措施。从经济学理论来说，自由贸易应该占据了较长时间的霸主地位，而现实中真正的贸易自由发生却很短暂。有一句很形象的话说："自由贸易只是高高举起的旗帜，但在这面旗帜下没有更多的国家跟从。"

小贴士

面对贸易壁垒，企业应如何应对?

1. 建立预警机制，实现对外贸易保护的前置化。密切关注我国企业重点出口的国家和地区情况，以便及时了解国外某些贸易壁垒出台的动向，定期或不定期发布预警信息，建立一套切实有效的预警机制。

2. 进一步建立"四体联动"的应诉工作机制。目前我国已初步形成了商务部、地方各级外经贸主管部门、进出口商会和行业协会等中介组织，以及相关企业的"四体联动"的出口反倾销和保障措施应诉工作机制。"四方"按照法律规定的职能相互通报情况并形成合力积极应对，商会代表企业并和企业一起积极参加后续的应诉。

3. 加强企业自律，规范企业出口经营秩序，杜绝恶性竞争。

4. 构建应对国外技术壁垒的对策体系。对各种技术性贸易壁垒有全面、深入的了解，建立专门的技术贸易壁垒数据库。同时，保持对国外技术标准的高度敏感性，对拟议中的标准及时进行研究，积极参与国际标准的制定、修改与协调工作。

知识产权：无形的垄断

随着人们对知识产权认识的加深，企业开始把保护好自己的知识产权作为经营的重点。知识产权能为企业带来高额的利润，能让所有者利用自己的资源获得利益。

> 2005 年，深圳迈科龙电子有限公司（计算机生产软件厂商）提出的“一种软件保护方法”和“一种信息传递保密方法”这两项重要的发明专利，获得了国家知识产权局的授权，前者更是夺得了第 9 届中国专利优秀奖。两项专利在全国范围被推广，取得了十分显著的社会效益、经济效益。
>
> 此外，欧美很多国家的企业也是利用知识产权这一专利运营方式赢利的。2001 年，英国电信利用转让专利进行赢利。其申请的专利有 10000 项之多，在转让专利后的 6 个月，公司就创造了 1400 万美元的专利收入。另一个专利运营的例子是美国高通公司。2006 年，在高通公司的收入中，专利许可费用高达 30% 左右，1.6 亿美元的税前利润有 30%—25% 的专利许可的收入。

知识产权，是指公民或法人等主体依据法律的规定，对其从事智力创作或创新活动所产生的知识产品所享有的专有权利，又称为“智力成果权”“无形财产权”，主要包括发明专利、商标及工业品外观设计等方面组成的工业产权和自然科学、社会科学及文学、音乐、戏剧、绘画、雕塑、摄影和电影摄影等方面的作品组成的版权（著作权）两部分。

鉴于知识产权带来的巨额收入，很多不法分子在面对诱惑时，动了不良心思，于是产生了诸多知识产权纠纷的案例。

2008年，珠海格力电器股份有限公司控告被告谢立辉在其销售的太阳能热水器上标注“格力小家电深圳股份有限公司”“好太阳能格力小家电造”字样，侵犯了珠海格力公司的注册商标的专用权，对消费者进行误导宣传。最终，法院判决被告停止侵权，并赔偿巨额经济损失。

在法律对知识产权的保护下，知识产权的所有者在市场上占据了一个制高点，形成了一种无形的垄断。但经济学家认为，这种垄断是市场活动中必须明确的前提。1991年诺贝尔经济学奖得主科斯就提出：“没有产权的社会是一个效率绝对低下、资源配置绝对无效的社会。”于是，企业的知识产权保护在当今社会中显得尤为重要。

如今，知识产权在企业创新研发的领域里被应用得越来越频繁。作为一种无形产权，它是智力创造的成果，是产权所有者对其成果依法享有的权利。为了更好地促进企业的发展和技术的创新，维护知识产权的意识在社会中逐渐被根植。

在越来越灵活的交易市场中，明确受保护的知识产权越来越成为“市场游戏”的基础。从减少交易成本，维护市场发展的角度来看，防范和减少侵权行为的发生也是非常必要的。否则，将易造成外部的不经济（某项活动使得社会成本高于个体成本的情形，即某项事务或活动对周围环境造成不良影响，而行为人并未因此付出任何补偿），对企业和社会的发展都极为不利。

小贴士

企业如何做好知识产权保护工作：

企业所享有的知识产权包括：企业名称、专利技术、专有技术、注册商标、商业机密、商品包装等。要做好企业的知识产权保护工作，应当从以下3个方面着手：

1. 培养和提高知识产权意识

意识指导行为，企业要把知识产权工作落到实处，首先应当从自身做起，大力培养和提高知识产权意识，对知识产权的认识从被动走向自觉。企业可通过组织学习知识产权法律法规、邀请专家举行知识产权相关讲座等多种方式，全面培养和提高全体员工的知识产权意识，通过各种渠道使员工及时了解所在行业与知识产权有关的最新情况，使其形成良好的知识产权思维习惯和工作方式。

2. 积极主动申请知识产权保护

企业在培养和提高知识产权意识时，需要积极主动地申请知识产权保护，包括在其他国家和地方申请知识产权保护。企业要注意规避被侵权、被搭便车的风险，改变国内企业传统的市场开拓思路，改变产品卖到哪里商标注册才跟到哪里的做法，做到市场未入，商标先行。而在专利方面，企业从项目立项、研发到转化等各环节，都要抢先一步做好专利保护工作。不要等到研究结果出来或产品投产以后，才发现不是过时，就是其他企业已经有了，甚至自己独立完成的发明创造也无法实施，因为已有他人专利在先。

3. 敢于并且善于维护知识产权

企业在申请知识产权保护后，并不是高枕无忧了，还会面临大大小小的知识产权纠纷。其一，企业要做好对知识产权的跟踪保护工作，当发现侵权行为时，应当积极运用各种合法手段，制止侵权行为，保护自己的无形资产。其二，市场（尤其是国际市场）竞争激烈，你的竞争对手常常会以知识产权为武器把你送到被告席上。遇到这种情况，企业应以积极的态度应诉，通过法律武器进行反击。技术创新是一个企业发展的不竭动力，保护知识产权已经成为我国企业提高国际竞争力，实现长远发展的必然选择。在知识产权保护这条道路上，我国企业任重而道远。

商品倾销：低价出售也是罪

1998 年，在美国发生了一起针对中国的反果汁倾销案。由于中国苹果资源丰富，质量上乘，加之生产成本较低，使得中国生产的浓缩果汁在国际市场上赢得了“价廉物美”的声誉，并对美国的同类产品构成了强有力的竞争。针对这种情况，美国企业诉讼中国企业在美存在果汁倾销行为，要求对进口自中国的浓缩苹果汁征收 91% 的反倾销税。如果美方胜诉，中国的果汁在美国销售时将不得不提高近 1 倍的价格，并将在这一市场陷入困境。对此，中国湖滨果汁有限责任公司、山东烟台北方安德利有限公司、中鲁果汁集团公司等 9 家国内企业经过充分准备果断应诉。在应诉过程中，中国企业针对国际上对倾销的认定和处理做出了有利安排，并聘请具有丰富反倾销办案经验的美国律师来办理此案。经过艰苦的应诉，美国国家贸易委员会做出最终裁决，对来自中国的浓缩苹果汁征收 51.74% 的反倾销税。在这场中美贸易纠纷里，中国企业取得了胜利，避免了巨大的利益损失。这起国际贸易纠纷案使得中国出口企业倍受鼓舞，充分说明只要准备充分，有理有据，在国际贸易纠纷案中，我们就不会总是处于不利的地位。

2004 年 9 月 17 日，在西班牙东部的埃尔切城，几百名身份不明的西班牙人聚集街头，纵火焚毁了中国温州鞋商的一整个仓库，同时还烧毁了运载鞋的集装箱汽车，直接给华商造成800万元人民币的损失。这种极端的对中国鞋的反倾销暴力事件震惊了世界。

上面两件事只是两个非常普通的有关“反倾销”与“倾销”博弈的案例。事实上，近年来，中国企业被国外指控倾销的事件屡屡发生。从1979年欧盟首次对原产于我国的糖精和闹钟发起反倾销调查，到2006年年底，我国的出口商品遭遇的反倾销调查高达600余件，共涉及金属制品、机电、电子产品以及煤矿化工、原料性产品、半成品等200多类产品。2007年以后全球新立案的反倾销调查虽呈下降趋势，但我国仍然是全球反倾销调查的头号目标国，而且反倾销发起国涵盖了我国大部分出口市场，美国、欧盟、印度和澳大利亚是对我国提起案件较多的国家或地区。

在关注反倾销事件的时候，我们首先应该了解，“倾销”究竟指什么?

《关于执行1994年关贸总协定第6条的协议》规定：在正常的贸易过程中，一种产品从一国出口到另一国，如果该产品的出口价格低于在其本国内消费的相同产品的可比价格，即以低于其正常价值的价格出口到另一国，则该产品将被认为是倾销。

按照倾销的目的，商品倾销可以分为三种形式：

1. 偶然性倾销。偶然性倾销持续时间较短，数量也较小。例如公司因为销售旺季已过，或公司改营其他业务，而把“剩余产品”向外国抛售。这种倾销对商品进口国危害不大，相反，消费者还会从中获益，一般不会遭遇“反倾销”调查。

2. 间歇性倾销，即以低于市场价格甚至是低于成本的价格，向外国市场倾销，垄断市场后再行提价。这种倾销将对商品进口国的经济秩序产生很大的影响，普遍受到各国的强烈反对。

3. 长期性倾销，即产品出口价格低于国内价格但高于生产成本，采用规模经济来扩大生产，降低成本。这种倾销亦被各国所反对。

通常，商品倾销具有以下特征：

第一，倾销是一种人为的低价销售措施。它是由出口商根据不同的市场，以低于有关商品在出口国的市场价格对同一商品进行差价销售。

第二，倾销的动机和目的是多种多样的，有的是销售过剩产品；有的是争夺国外市场，扩大出口，但只要对进口国某一工业的建立和发展造成实质性损害、实质性威胁或实质性阻碍，就会招致反倾销措施的惩罚。

第三，倾销是一种不公平竞争行为。在政府奖励出口的政策下，生产者为获得政府出口补贴，往往以低廉的价格销售产品。同时，生产者将产品以倾销的价格在国外市场销售，从而获得在另一国市场的竞争优势，进而消灭竞争对手，再提高价格以获取垄断高额利润。

第四，倾销的结果往往给进口方的经济或生产者的利益造成损害，特别是掠夺性倾销扰乱了进口方的市场经济秩序，带给进口方经济毁灭性的打击。

根据世贸组织的有关规定，遭遇倾销的国家有权对外国商品在本国市场的倾销行为采取抵制措施。通常的做法是对倾销的外国商品除征收一般进口税外，再增收附加税，使其不能廉价出售，此种附加税被称为“反倾销税”。尽管《关税及贸易总协定》对反倾销问题做了明确规定，要按照客观公正的原则去对待反倾销，要严格按照相关法律法规操作，但实际上各国都只是把反倾销作为贸易战的一种主要手段而已。

我们仔细分析一下就会知道，中国制造的产品物美价廉，深受世人喜爱，价格之所以比那些产品进口国的同类产品低很多，主要是因为中国拥有大量的廉价劳动力，产品的生产成本本来就低，所以价格也就比较便宜，因此，有关中国出口企业进行倾销的说法大多是站不住脚的。

金融危机到来后，贸易保护主义有升温的趋势。针对中国的反倾销案正迅速增加，其中很多都是以反倾销为借口，把反倾销当作保护本国工业的一种手段。对此，我国出口企业和政府要灵活应对，切实保护自己的合法权益。

小贴士

企业如何应对反倾销的应诉工作：

1. 积极应诉，及时抗辩

反倾销案件发生后，最重要的是要正确认识反倾销及其后果。反倾销作为一种依法进行的行政调查措施，积极应诉无疑是最有效地减少损失的一种方法。

一方面，国家应当通过制定相应的法律规定，进一步具体落实有关反倾销应诉工作中“谁应诉，谁受益”的原则，奖优罚劣，从而从根本上扭转企业应诉不积极的情况。另一方面，国家应使企业充分地认识到应诉与不应诉、应诉积极与应诉不积极，其结果会大不相同，从而增强企业自觉应诉的积极性。

2. 配合调查，提供相应的帮助和数据

反倾销立案以后，有关的企业和公司一定要积极配合反倾销调查，争取最大限度地抗辩机会。配合调查，主要体现在以下几方面：一是认真填写调查问卷；二是配合反倾销案件的实地调查；三是根据反倾销调查进展的情况，应诉企业应利用法律赋予的权利促使反倾销案件向有利于己方的方向发展。

3. 选择适当的律师

在律师的选择上，应选择通晓实施反倾销调查国有关法律，又有反倾销实践经验，对中国的国情比较熟悉，与当地反倾销调查机构密切联系的律师。在律师的使用上，要充分利用其各方面的资源为自己服务，切不可放任不管。

4. 对市场经济问题的抗辩的选择应特别注意

对市场经济问题的抗辩，是我国企业遭受国外反倾销调查时应特别注意的重点问题。在某些国家歧视性反倾销的政策下，首先要确立我国是“非市场经济”的国家，然后采用“替代国”的做法。

5. 加强与进口商的通力合作

在反倾销诉讼时，进出口商的利益基本是一致的，出口商希望胜诉保住出口市场，进口商也希望进口赚取利润。因此我国的出口企业要与进口商建立长期稳定、相互信任的合作关系。

汇率：各种货币之间的关系

说起人民币升值，就必须谈及一个基本概念：汇率。汇率，也被称为汇价，是指国家与国家之间兑换货币时的比率。简单地说，如果把另一个国家的货币视为商品，汇率就是买卖该国货币的价格。当今世界上的货币种类繁多，名称不一，币值不同，所以货币与货币之间兑换时要规定汇率。

如果世界上的每一个国家都使用同一种货币，国际贸易将会简单得多。但事实并非如此。一位苏格兰威士忌制造商希望货款以英镑支付，而上海的制鞋商希望得到的却是人民币。但是，这些货币的价值到底是多少呢？

和其他商品一样，货币有一定的价值。但与其他商品不一样的是，一种货币的价值必须用另一种货币来衡量。墨西哥比索的价值可以用美元来衡量，而美元的价值可以用英镑来衡量，英镑的价值可以用欧元来衡量，依次类推。而这些汇率又是不断变化的。

当墨西哥比索对美元贬值，而美元又对英镑贬值时，从逻辑上讲，比索对英镑也贬值。如果你坐在一家中央银行的交易大厅，或是上网查看货币交易的网页，你会发现货币的套算汇率（也叫交叉汇率）每分钟会变化上百次。外汇交易通过电子媒介在全球上百个金融中心进行，从新加坡、旧金山、伦敦到圣保罗，外汇交易市场 24 小时不停地运作。银行和货币交易者每天都密切关注外汇市场，使他们的汇率与市场保持一致。当你在北京或香港兑换货币时，汇率是由外汇市场而不是中央银行决定的。

兑换外币的旅行者会发现，通常存在两种汇率：一种是人们购买某一货币时的汇率，另一种是人们卖出某一货币时的汇率。两者之间的差价就是银行或兑换外汇的机构在每笔交易中赚取的微小利润。从原则上（或理论上）讲，如果一个旅行者买入或卖出足够多次，他的钱将所剩无几。

从国家的角度来说，汇率在国际贸易中发挥着重要作用，它相当于一个调节杠杆。任何一个国家生产的商品都是依据本国货币来进行成本计算的，如果拿到国际市场上竞争，它的成本就和汇率联系起来了。汇率的高低对于商品在国际市场上的成本和价格有着直接影响，并以此关系到商品的国际竞争力。

汇率的特性在于它多半是浮动的比率。只要货币能够透过汇率自由交换，那么交换量的多寡，就会影响隔天的汇率，因此，也有人以赚汇差营利，今日以较低的比率购进某一外币，等到较高的比率出现时，再转手卖出。所以有时通过汇率也能看出一个国家的经济状况，了解外汇也能看出这个国家的出口贸易状况。

小小的汇率竟有这样大的魔力！可能有人会问，汇率的比价到底是怎么确定的呢？汇率比价是由国家规定的，但是国家在制定汇率的时候一般是根据利率来制定的，经济学上称为利率平价理论。一国利率提升，其他国家的资金就会涌向这个国家，导致这个国家的利率上升；一国利率下降，本国资金就会涌向他国，导致本国的利率下降。这是由凯恩斯提出来的。普通读者无须知道汇率是怎么算出的，那是专业人士的事，只要明白汇率的波动对我们生活的影响就足够了。汇率上升会引起利率上升，汇率下降会引起利率下降，我们普通老百姓可以根据汇率的升降情况来判断自己的投资消费决策。

汇率除了影响到出境旅游、海外购物，其波动还和利率一样，影响到生活的方方面面。2008年的金融危机，与人民币汇率的提升有着重要关系。在汇率上升的时候，尽量不要做出口生意，可以多安排出国旅游，或去国外考察，因为这时同样的钱可以换回更多的外币；汇率下降的时候，要避免出国考察或旅游，应多安排海外出口，因为这样能换取更多的人民币。总之，汇率上升，在海外消费合适；汇率下降，在国内消费合适。

小贴士

外贸如何应对汇率变化？

1. 用人民币结算。如果业主对自己的产品有信心，可首选人民币结算的方式进行对外贸易。以人民币结算的好处不言而喻，不论汇率怎么变动，都不用担心汇率差价，但前提是产品必须有较高的竞争力，业主能把握谈判的话语权。

2. 定金式下单。一般商家能承受的汇率变动范围在5%以内，超过这个范围，利润就很难保证了。因此，最好能和外商达成协议，预先支付30%左右的定金，减少汇率风险，在签订合同价格时，可以当天的汇率为基准。

3. 用美元结汇。至今，美元依然是国际结算货币，用其结算时，一方面可参考近3个月的美元走势，和买家直接订好基准价格；另一方面，可以提价5%左右，预留出欧元或美元汇率的贬值空间。

第九章

幸福是一种稀缺资源：不可不知的家庭经济学常识

恋爱成本：谈钱伤感情，谈感情“伤钱”

星期一：白天很忙，晚饭也没空一起吃。晚上从城市的两头打车到一个酒吧见了一面，花费60元。

星期二：午休时间给她打了个电话，说了半小时情话，每分钟4毛钱，一共12元。晚上有事，没见面。

星期三：想起她说喜欢那个SWATCH的手表，下班后去买来送她。付出340元，得到她的开心和一个吻。

星期四：晚上在咖啡厅见面，吃西餐，喝咖啡，温馨浪漫后付出120元。

星期五：下班后一起逛街，晚餐日本料理60元。之后陪她买了一条裙子，一双凉鞋，一瓶美白乳液，她只要我送那条裙子，价值198元。

星期六：昨晚后来和她吵架了，今天道歉并约她出来去意大利餐厅吃饭，200元的晚餐当然好吃，之后还去看了一场80元的电影。

星期天：骑车到郊外，租车花费50元，回来有点累，她提议去吃哈根达斯。“爱她就请她吃哈根达斯"的冰淇淋让我用128元证明了我的爱。

这是一个男生的恋爱账单，不难想象，如果他不谈恋爱，这些开支都会是他的节余。也许你从来不会去想“恋爱有成本”这件事情。的确，爱情是崇高而伟大的，如果连谈恋爱也谈成本，你或许会觉得经济学家太煞风景。但事实是，大多数的浪漫都需要物质的支撑，将爱情进行到底，说到底就是一个恋爱成本长期投入的过程。

> 某青年联合会与社会调查事务所对某市 100 对即将步入婚姻殿堂的恋人进行了一次专项调查。调查结果显示，72% 的准新人恋爱全过程的花费在 12000—35000 元。
>
> 统计数据显示，恋爱初期，男性的各项花销占总支出的 40%，基本上由男性买单。恋爱初期的男女主要的交往地点是餐厅、咖啡店、酒吧、KTV 等娱乐场所，相互之间表达情意的礼物多为鲜花、巧克力等。
>
> 恋爱中期，各项花销占总支出的 25%，其中男女双方的消费支出比例大致为 6∶4，这一阶段恋人已基本确定关系，消费方式从最初的狂热渐渐趋于理性。
>
> 恋爱后期，各项花销支出占总支出的 35%。此时双方开始准备筹办婚事，消费带有强烈的针对性。日常的饮食、娱乐等消费基本降低到维持水平，购买家电、家具、日常用品等支出大大增加。
>
> 这是针对西安这一普通城市的调查结果，有关专家分析，北京、上海、广州等大城市的恋爱成本会更高。

没错，恋爱中总是需要很多的浪漫、很多的付出，男生为了让女生明白他的爱，会用各种办法哄女生开心——其中最直接的方式就是送礼物。如果两人之间闹别扭了，男生送上鲜艳的玫瑰花、漂亮的项链等，就会很容易哄得女生开心，求得原谅。

那么女生呢？通过前面的统计数据我们或许会以为，恋爱中总是男方支出得多，恋爱成本的绝大部分都由男方承担了。那么，是不是女生们就是一味享受恋爱的幸福收益，而没有任何的成本投入呢?

“天下没有免费的午餐。”女方看似是在感情中接受男方投资的一方，但实际上，女方也不可能白白享用免费的幸福。女生给男生送的礼物可能更多的是没有很大市场价值的小礼物，如亲手织的围巾，自己叠的幸运星、千纸鹤等，这些看起来廉价的小礼物所包含的是更加稀缺而昂贵的成本——女生的心血和时间。

另外，女生的青春价值，绝对是恋爱中最为昂贵的成本投入。然而，爱情注定是一场博弈，这场博弈的结果很少没有失败者。爱情博弈很少能实现两情相悦、白头偕老的共赢，更多情况下往往以两败俱伤或是以多方损失而告终。在一拍两散之后，无论男方还是女方，无论投入的是金钱、感情还是时间，都成了经济学上的“沉没成本”。

你或许会觉得沉没成本的存在，对于情感付出较多的一方不公平。但正是由于沉没成本的存在，提醒年轻人要慎重对待自己的选择，认真考虑自己与对方的未来，不要轻易允诺，不要轻易恋爱和结婚。有一句话是这样说的:“经历一场恋爱就像吃巧克力，就算你不用为巧克力买单，也得付减肥的钱。”正是因为恋爱有如此沉重的成本，我们更要认真地对待感情。同时，按照经济学的分析，当恋爱谈得越久，大家投入的时间、金钱越多，我们也会对感情越发珍视，因为害怕将来会有成本沉没的一天。

小贴士

认识爱情成本，更加懂得爱情:

1. 爱情是感性的，经济学是理性的，把“恋爱成本”这样一个命题抛给所谓唯美的爱情似乎有点冷酷刻薄。但事实就是如此，每一段无价的爱情背后，都存在着有价的成本。当然，我们并不是提倡“爱情等于面包”的厚黑理论，而是要做好准备再去爱。因为懂得了成本，我们才会更懂得爱情这个东西。

2. 爱情的成本包括会计成本、机会成本、心理成本、沉没成本等。

会计成本即经济成本，指的是恋爱中付出的现金或者物资等物质成本，包括花前月下、烟火玫瑰、烛光晚餐、煲电话粥和各种电影。

机会成本指的是在恋爱过程中你所放弃的应投入学习、工作，或者另一个恋爱对象身上的精力、时间、金钱等。每一次选择都是一种权衡，而机会成本就是对舍与求的权衡。

心理成本是指恋爱过程中因为挫折或阻碍所造成的心理压力或者心理负担。

沉没成本，就是一经投入就难以收回的成本。

我们都是理性人，而理性人都是利己的，爱情中的利己，是以满足自身情感、生理、心理需要为前提的，因此，我们每个人都追求效用的最大化。但是，爱情毕竟是感性的，多少存在盲目性，有些人在恋爱中并不会为了效用最大化而追求使成本最小化。所以，恋爱成本只是一个参考，爱情可以计较，但经不起计算，只有两个人共同经营，使其达到均衡点，才能让爱情长久。

消费者剩余：找一个你爱的人，还是爱你的人

被一个人爱是幸福的，爱一个人却往往是痛苦的。爱，还是被爱，许多人都在为这个问题烦恼。我们怕自己爱的人不像自己爱对方一样爱自己，又不愿意忍受和一个不爱的人一起生活。那么到底是找一个爱我的人还是找一个我爱的人呢？如果从经济学上来回答这个问题，我们就必须先了解一个经济学概念——消费者剩余。

“消费者剩余”的概念是马歇尔在他的《经济学原理》中首次提出的。他认为：“一个人对一物所付的价格，绝不会超过，而且也很少达到他宁愿支付而不愿得不到此物的价格。”这句话读起来实在拗口。其实他是说，人们希望以一个期望的价格购买某商品，如果人们在消费时实际花费的金钱比预期的花费低，人们就会从购物中获得乐趣，仿佛无形中他获得了一笔意外的财富；反之，如果商品的价格高于他的预期价格，他就会放弃购买行为。他因为购买商品的实际支出低于预期价格而得到满足；同样，当某商品的价格高于他的预期时，他就不会购买，他也会因此获得一种满足，他会想自己虽然没有得到某商品，但是也没有失去金钱。但是很显然，他的第一种满足要大于第二种满足。这就是马歇尔那句拗口的“消费者剩余”定义的解释。

我们购物时都想要讨价还价，就是为了将对方的剩余压到最低，从而使自己的剩余最大化。因为人都是理性的动物，凡是能够成交的买卖，买卖双方都会或多或少地获得这种剩余，否则一般就无法完成这桩买卖。

爱情虽然不能用交易来形容，但在爱情中也确实包含着“消费者剩余”这个概念——“恋爱者剩余”。如果两个人相恋，就都会使双方的效用得到提升。说要找个“爱自己的人”结婚的人，其目的就是获得对方无微不至的关心和照顾，也就是尽可能多地占有“恋爱者剩余”。

但是在爱情中，恋爱的双方总是在不断地转换着角色：有时你是生产者，对方是消费者；有时对方是生产者，你是消费者。与生意不同的是，当你为爱情付出时，是不该保留恋爱者剩余的，因为这本身是一个双向动态的过程。如果你的付出打了折扣，那么你就损失了付出的幸福，对方损失了获得的幸福，这是一种双重损失。当角色转换后，对方可能会有所顾忌，不愿再全心全意地付出了，从而使双方陷入了一个恶性循环。

但这并不意味着在爱情中付出总是对的。在一般情况下，人们只要付出了真心就能获得真爱，所以两个恋爱的人相处不必也不该计较得失。但是如果在爱情中一味付出，对方一旦把你的付出当作理所当然，就会使你的付出得不到应有的回报；如果你遇人不淑，那么你的付出可能会是一笔非常失败的风险投资，会带给你很大的后遗症。

随着恋爱的时间越来越长，彼此的感情就会越来越平淡。人们常说经营爱情需要不断制造浪漫、制造惊喜，实际上就是制造一种消费者剩余的互动。当两个人的生活越来越固定化，初恋时那种剩余的互动就渐渐消失了。如果爱情由此演变成了婚姻和亲情，可能会使人感到幸福，但终究会有一点遗憾。爱情的生命力，也许就在于两个人之间消费者剩余交换的频度与深度。所以经营爱情，就要从经营剩余出发。

总之，爱情是一门艺术，要想在爱情中获得成功是非常艰难的，一段经历 50 年仍保持相爱状态的“金婚”，并不比一家 50 年的“常青树”企业容易经营。

小贴士

如何运用消费者剩余理论砍价：

1. 首先，穿戴最好朴实。有些家境富裕的中产阶层上街就爱露富，全身上下风光无限，可这架势对砍价杀价极为不利，一是卖主赚的就是富人的钱，二是你看起来这么富有，又怎么好意思在价格上和别人斤斤计较？

2. 其次，注意不露表情。有些卖主专门留意买主的眼神，如果你见到中意的东西便扑过去两眼死盯着不放，那价钱一定压不下来；老练的购物者是在发现物美价廉的商品后不露一点表情，含而不露地让卖主拿些其他商品来看，然后再有意无意地谈及真正想买的东西，在“可买可不买”的表情下压价，往往十分奏效。

3. 再次，不妨声东击西。在砍价杀价时，要客观地找出欲购物品的不足之处，如你想买一件蓝色衬衫，且柜台里有蓝、白、灰3种颜色，这时你可以问有没有黄色的；卖主误认为你最喜欢的是黄色，便会为不能满足你的需求让步；此时你再为蓝衬衫砍价，他多少会让利几分，因为他怕你到处去找黄色的。

4. 最后，故意掏空腰包。对于某一商品，你明知卖主想多赚钱，可他又将价格封了底：“我这休闲服220元一件进的货，你总不能让我做赔本生意吧！”这时你可说就剩这200元了，你不卖只好算了。这此时卖主如果觉得200元也有利可图，他是不会放过这个“掏空腰包者”的。

帕累托最优：门当户对的观念并不过时

小晶和小刚在大学时是一对恋人，小晶家在城市，从小就生活在优越的环境里，生性开朗。而小刚家在农村，家里有弟弟妹妹，非常贫穷，性格比较内向。大学毕业后，小晶不顾家人和朋友的反对，义无反顾地嫁给了小刚。刚结婚时的确过了一段幸福的日子，但时间久了，夫妻俩的矛盾就渐渐多了起来。他们迥然不同的生活习惯、观念和爱好让他们几乎没有共同语言。他们甚至连如何招待客人、买什么价位的衣服、吃什么样的菜都无法达成一致意见，毕竟原来的生活水平、家庭境遇差距太大。不计较还好，计较起来的结果只能是吵架，感情被这些现实的摩擦一点一点地消磨。后来的日子几乎就没有幸福可言了，每天充斥内心的感情只有气愤、痛苦、烦躁、失望和伤心，而且一次次地加深，他们几年的感情最终没能敌得过现实的考验，离婚了。

小晶一点儿也想不通，自己拥有这么好的条件，而且和小刚也是有感情基础的，到了最后为什么不幸福呢？

其实，小晶和小刚之所以后来落得劳燕分飞的结局，主要是因为他们在生活习惯、兴趣、爱好等各方面的巨大差距造成了不可调和的矛盾。在经济学家眼中，婚姻若想幸福，就应当让社会中每个适龄男女都达到帕累托最优状态。

所谓帕累托最优，是指资源分配的一种状态，在不使任何人境况变坏的情况下，不可能再使某些人的处境变好。如果一场婚姻能够在没有任何人处境变坏的情况下，至少有一个人处境变得更好，就可以被称为帕累托改进。当没有任何帕累托改进的余地时，就意味着现状已经达到了帕累托最优。

接下来，我们就以小晶和小刚的故事为例，根据帕累托公式来分析他们为什么会不幸福。

在故事中，小刚和小晶两个人结婚之前，小刚生活质量比较差，我们假设为3；而小晶的生活质量较好，假设为9；婚后一起生活，双方性格、价值观等的搭配程度可以形成一个常量，假设为4；由于双方共同拥有对方的资源，所以，每个人的所得为（3+9+4）/2=8。

可见，理论上，小刚的生活质量提高了，但小晶的生活质量降低了。而实际上，对两个人来说，由于观念差异而导致了精神生活质量下降。假设，小晶嫁的人不是小刚，是另一个与自己生活质量差不多的人（假定为8），只要双方搭配程度不为负数，双方就都可以感到幸福。

故事中的小晶，正是因为和小刚性格、观念等的搭配程度不高，导致了两人的不幸。因此，从整体上来看，小刚和小晶，“凤凰男”和“孔雀女”的故事，并不一定美满。而在门当户对的情况下，人们才更容易找到婚姻的幸福。

婚姻对于很多人来说，都是神圣的大事，所以计较这些成本收益常常让人感到扫兴。但要知道，从经济学角度考虑问题要理性得多，也更有道理。或者有人说婚姻是油盐酱醋的组合再加感情的滋润，但大家回头看，大多数婚姻都没有摆脱帕累托最优模式。

在现实生活中，一个富人家和一个穷人家结亲，无论男穷女富，还是女穷男富，双方家庭在物质条件、消费观念上，甚至在看待问题的思想上，都存在着很大的差距。往往是贫穷的那一方会被看轻、受气。当然，也有两者十分恩爱（双方性格、价值观等搭配程度很高），终于冲破种种差异生活在一起的情况，但毕竟概率较低。可见，再浪漫的事，静下来一想，都有成本与收益的关系。在婚姻中，只有双方都平衡了，达到一种均衡状态，婚姻才会稳固。

时至今日，门当户对的规则仍然适用，事实证明这千年流传下来的观念，的确有几分道理。更确切地说，不论在哪个时代，门当户对都应当是人们对待婚姻的一种理性行为。那些不登对的婚姻——例如王子和灰姑娘幸福地在一起，更像是人们幻想的童话。对适婚的男女来说，与其抱着难以实现的梦，不如在自己的身边找一个门当户对的伴侣。

小贴士

门当户对，实现双赢，婚姻最能持久：

1. 门当户对的人更易从婚姻中得到满足。这些例子在中国其实有很多，比如冰心和吴文藻夫妇，沈从文和张兆和夫妇，钱学森和蒋英夫妇，袁家骝和吴健雄夫妇等，都是相知相守了一生，幸福甜蜜得让人羡慕。曾经在我们看来过时、老套的“门当户对”的观念，自有其存在的合理性。

2. 从现实情况来看，个体为实现利益最大化，低质量的（包括对社会阶层、个人财富、家庭背景等综合因素所做的质量评估）还是希望与高质量的异性配成一对。但从整体上看婚姻，资源最佳的配置模式应该是社会中每个适龄男女都达到帕累托最优。所谓帕累托最优，是指这样一种状态：在不使其他人境况变坏的情况下，不可能再使另一部分人的处境变好。如果一种变革能够不使任何人的处境变坏，至少有一个人处境变得更好，我们就把这个变化称为帕累托改进。一般来说，如果一个社会的现状不是处在帕累托最优状态，就存在着帕累托改进的可能。相应地，如果没有任何帕累托改进的余地，就意味着现状已经达到帕累托最优的状态。

沉没成本：当爱已不在，如何潇洒转身

前面我们讲过，在爱情中，我们会付出时间、金钱、感情等恋爱成本，并期待有美满的结局。但现实总是残酷的。虽然每个人都希望付出能有回报，但实际上在不断投入自己的感情时，没有人能知道未来会怎样。也许有一天，你们会走向分手的结局。那时，就算你曾经付出过再多，也都无法挽回。你得不到来自对方的“收益”，你的“成本”自然就这样白费了。而这些你所失去的，就是爱情的沉没成本。

在经济学中，沉没成本是指人们在决定是否去做一件事情的时候，不仅要看这件事对自己有没有好处，还要看过去是不是已经在这件事上有过投入。我们把这些已经发生的不可收回的支出，如时间、金钱、精力等称为“沉没成本”。举例来说，如果你预订了一张电影票，已经付了票款且假设不能退票，此时你付的价钱已经不能收回，就算你不看电影钱也收不回来，电影票的价钱就算你的沉没成本。

在恋爱中，男女双方的交往，本来就是既有付出，又有回报，既有得到，又有失去的。不能轻易地说在恋爱中男性或者女性谁付出的比较多，因为每份感情投入都不同，很难一概而论每个人的付出与回报。

研究表明，在恋爱的前6个月，情侣们70%的注意力集中在恋人身上，工作、学习都会大受影响。而每当人们放弃以前的感情，开始一段新的恋情时，这些成本就会全部被颠覆，重新增加一次，而这还忽略了失恋过程中付出的相应成本。

“衣带渐宽终不悔，为伊消得人憔悴。”在爱情中的付出，多数人都是不会后悔的。只是，当我们真的要面对爱情的沉没成本时，又该怎么去做？

在日常生活中，我们看到有的女孩想要天长地久，遇到一个人就托付终身，倘若失去就会无法接受。这时，姑且不论这场爱情值不值得，单看这种想法，也是不可取的。在爱情中，人应当懂得“及时止损”。

甜蜜的时候，你全身心地投入也不为过，因为你还可以从对方那里得到爱情的“收益”。但当失去时，你再付出任何东西，也无法换回一丝爱的回报，最多只能得到怜悯。失去爱也就罢了，再失去生命和尊严，成本岂不是太高了？更何况你明明清楚，在不爱自己的人面前这样做，只会继续增加你在他（她）身上投入的沉没成本。

所以说，恋爱很像一场交易，当交易失败成为无法避免的事实时，你为何不及时止住损害，将自己受到的伤害降到最低？试想，世界上有几个理性的生意人在商场失败后，就跳楼自杀的？继续为一个你无法从他（她）身上获得“爱情收益”的人伤害自己，是不值得的。

还有一些人，因为沉没成本的存在而害怕谈恋爱。他们在爱情中患得患失，不敢为爱情做出牺牲。殊不知，在爱情中唯唯诺诺的举动，更容易导致失败。因为在恋爱中，人们互为投资对象和投资者，作为被投资的对象来说，怕付出的人立场不坚定，带来的风险太大，有谁愿意将有限的经历和感情投入给这样的人？就像在股市上，如果某只股票没有稳定的回报，投资者又怎么会买这样的股票？

如此看来，恋爱中的人和失恋的人，都应当严肃而客观地对待沉没成本。有经济学家曾说过：“沉没成本是一种历史成本。对现有的决策而言是不可控的成本，不会影响当前的行为或未来的决策。也就是说，在进行一场新的投资决策时必须排除沉没成本的干扰，才可以把损失降到较低的限度。一旦犹豫不决，长期拖延，只会让沉没成本越来越大。”所以，我们应该在付出时不保留，在失去时也不眷恋。

小贴士

正确应对爱情“沉没成本”：

1. 调整心态，不再纠结自己的付出

恋爱中产生的“沉没成本”就像已经泼出去的水，无论如何是收不回来了。既然如此，我们就不必总是为之纠结，而应当换个角度去思考自己从这段感情中获得的“收益”。比如，在恋爱期间，获得了开心、满足的感觉，品尝到生活的趣味和甜蜜，这就是值得珍惜的收获，虽然爱情没有修成正果，但过程是美好的。

2. 分析利弊，别错失可能的机会

我们在进行决策的时候，不能只看过去，还要把目光投向长远的未来，要知道维持一段感情对于自己是否真的有利。事实上，恋爱也是有“机会成本”的，如果我们盲目地陷入一段无望的爱情中，却失去了结识新朋友、发展新恋情的机会，那会是更大的损失。因此，在面对“沉没成本”时，我们要积极分析利弊，若弊大于利，就要有勇气“快刀斩乱麻”，这样才不会让“沉没成本”像滚雪球一样越积越多，而我们也可以重新选择恋人，开始一段新的恋爱体验。

3. 经营爱情，让“沉没成本”产生意义

如果我们选择继续维持这段感情，就要更加重视“沉没成本”的存在，要让我们付出的时间、精力、感情等都能够产生应有的意义。比如，我们可以更好地规划时间，不必强求每时每刻都要和伴侣在一起，而可以约定好时间一起聊天、一起散步，另外也可以不时地安排一些浪漫的约会来制造惊喜。如此一来，时间的投入虽然变少了，但双方却能够找回不少热恋时的感觉，爱情也可能重新焕发活力。

边际效用递减：女博士如何成了“灭绝师太”

“世界上有三种人，男人、女人和女博士”这句话已经到了尽人皆知的地步。虽然这是人们调侃女博士的话，但是也不难看出女博士在婚恋中的尴尬地位。从理论上讲，女博士由于拥有“文化资本”，应该会在竞争中具有相对优势，无论在工作还是在婚姻家庭方面都应该更受青睐，但为什么女博士在恋爱婚姻中却时常受挫，甚至被人们称为“灭绝师太”呢？

要回答这个问题，我们首先必须了解经济学中的边际效用递减。

在经济学中，效用是指商品满足人的欲望的能力，或者指消费者在消费商品时所感受到的满足程度。

一种商品对消费者是否具有效用，取决于消费者是否具有消费这种商品的欲望，以及这种商品是否具有满足消费者欲望的能力。效用这一概念是和人的欲望联系在一起的，效用是消费者对商品满足自己欲望的能力的一种主观心理评价。

边际效用是指消费者在一定时间内增加单位商品的消费所得到的效用量的增量。关于边际效用，经济学中有一个著名的规律，即边际效用递减规律：在一定时间内，在其他商品的消费数量保持不变的条件下，随着消费者对某种商品消费量的增加，消费者获得的边际效用是递减的。

从边际效用来看婚恋情况，你每增加一次爱情消费所引起的总效用增加的部分将会逐渐递减。你第一次恋爱所获得的满足感最大，得到的启发也最多。随着恋爱次数的增加，对爱情的好奇与新鲜感会逐渐递减，所得到的恋爱满足感也会递减。这样我们就不难理解为什么人们第一次谈恋爱，印象往往是最深刻的，第二次谈恋爱印象就没有第一次那么深刻，第三次谈恋爱也没有第二次深刻，以此类推。在这里，感情的效用值会随着你恋爱次数的增加而减少，所以初恋总是让人刻骨铭心。尽管你第一次谈的对象，不一定是最合适的，但会是最难忘的。

然而这只解释了为什么我们谈的对象越多，从恋爱中获得的满足感就越低，并不能解释女博士为什么就成了“灭绝师太”。

在中国传统社会中一直流行“男尊女卑”的观念，这种观念今天仍然深刻影响着人们的择偶观，因此一些对女博士不认可的思想便出现了。那些学历不如女博士的男性，一般会选择一个比自己学历稍微差一点的女性结婚。

而女博士，因为没有人敢去追求她们，于是只好一次又一次地接受别人为自己安排的相亲，一次又一次地去见相亲对象，见得越多，心中对恋爱、婚姻的好奇感就越来越低。

最后，女博士很无奈地发现，自己对婚姻的憧憬、好奇几乎消失了，发现还是一心搞学术比较好。于是女博士变得越来越不食人间烟火，以至被人们称为“灭绝师太”。

小贴士

高学历女性如何破解“择偶难”问题？

1. 调整自己的眼光

高学历、高能力的女性拥有更开阔的眼界，更丰富的思想，这让她们对自己的“另一半”有较高的要求，有时难免会比较挑剔。比如，有的高学历女性希望男性的相貌、学历、收入、社会地位等都很出众，但是在婚恋市场上符合这些条件的男性可以说是凤毛麟角。因此，高学历女性需要合理地调整自己的眼光，不要总是追求完美，而是应当努力寻找与自己性情、学识相匹配的有共同语言的伴侣。

2. 由内而外打造魅力形象

高学历女性虽然在知识、能力方面已经达到了较高水平，但仍然不能忽视对自我形象的打造，这会让自己更加富有吸引力，也更能获得异性的青睐。比如，高学历女性可以用心搭配优雅大方的服装、饰品，再用恰到好处的妆容来提升自己的整体气质；还可以针对自己的言谈举止下一番功夫，这样就能在举手投足间给人一种如沐春风的感觉；另外，还要尝试改变自己的性格，让自己变得开朗、乐观、大方、宽容，这也会感染到身边的人，让人不由自主地产生好感。

3. 勇敢地进行自我推荐

有很多高学历女性习惯了矜持的等待、低调的隐忍，但这常常会让她们错失很多发展新恋情的好机会。所以高学历女性要打破沉默和被动，让自己变得主动一点，学会自我推荐，这样就能让更多的人看到自己身上的优点。比如，高学历女性可以跳出自己的学术圈，多到广阔的世界去展示自己，可以多参加聚会，多和不同的人沟通。在这个过程中，如果遇到了心仪的对象，不妨大胆地争取，也许，美好的爱情就出现了。

离婚决策值：你要做好付出相应成本的准备

如今，离婚已经不再稀奇，第三者插足、性格不合、家庭琐事等，各种大事小事都成了离婚的导火索。然而，离婚也不是真的如家常便饭一样简单，离婚之前计算离婚成本的绝不只奥尼尔一人。在越来越功利的现实社会中，高昂的离婚成本甚至让不少人表示“懒得离婚”。

一般而言，夫妻二人诉诸法院要求离婚，常常会请律师对二人的财产分割、子女赡养费等进行计算。然而，如果请一位经济学家来计算离婚的成本，或许会远远高于律师的计算结果：

1. 家庭财产的分割。这是在法定程序中可以计算出的损失。假设一个家庭有 20 万元存款、价值 80 万元的房子和价值 20 万元的车子，那么离异后的一方将失去至少 10 万元存款、半套房子和半辆车子。

2. 子女分离。子女是家庭最重要的产品，也许他们是耐用消费品（他们总是花父母的钱，但父母得到心理收入或效用），也许他们是耐用生产品（因为他们可以不断给父母带来收入，或者只是为父母带来欢乐），但离婚会造成骨肉分离，形成负效应。

3. 失去共同的朋友。以婚姻为轴心的社交圈被打破，失去共同拥有的娱乐，同时，“社会声望”下降可能影响到离异者的心理健康。

4. 专用资产损失。个人在家庭中的资产专用性包括互相熟悉和依赖的特性和习性，比如多年来喜爱的妻子做的一道菜等，离婚可能使某些特殊的东西失去意义。

5. 再婚的成本。如果离婚后不做独身决策，则面临再婚的成本，包括寻找与追求新配偶、成立新家庭、家庭磨合等成本，以及健康、收入、性情变化对新婚姻生活的影响。

6. 女性的特殊成本：专家认为，女性在家庭生活中做出了更多的贡献，她们承担大部分的家务，进修升职的机会也都让给老公，再加上社会原因，造成不少女性的生存能力低于男性，离婚之后的生活水平大大降低。同时女性的再婚可能性也低于男性，这都增加了女性的离婚成本。

另外，离婚过程中的时间成本、精神压力成本等，也应计入离婚成本。经济学家分析，一般来说，经济实力越强的家庭，在离婚时所要承担的成本越大。

其实，对于离婚成本的经济学分析，反映出当代人对离婚已经持越来越理性的态度。虽然“白头偕老”是所有踏入婚姻殿堂的人最美好的追求，但当婚姻不得不走向破裂，我们不妨以更理性的方式来做一个了结。经济学家得出，做出离婚决策的公式应该是：

离婚决策值 = 解脱现行婚姻的效用（快乐、如释重负等）－ 离婚的成本 － 再婚的成本

如果离婚决策值 >0，那么就离婚；如果离婚决策值 ≤ 0，那么，或许你需要像奥尼尔一样，再考虑考虑。

小贴士

不同离婚方式的离婚成本：

1. 民政局离婚

如果好聚好散，能协议离婚，当然是最省成本的方式。各省目前规定的离婚证工本费是 10 元。加上其他登记费用，几十元就能搞定了。但是到民政局离婚，有诸多不便，如两人的财产要分割清楚、出示结婚证

等，还要被民政局的工作人员反复劝解，前后没有一两个月的时间离不了，有的夫妻因为找不到结婚证，还不让离婚。

2. 法院离婚

公平且利索，只要双方同意，最快两周内就能办成离婚。

诉讼费：法院的诉讼费是有标准的，财产不满1万元的离婚案子，诉讼费用是50元，如果超过这一底线，按照财产总额的一定比例收取诉讼费。很多聪明的离婚者，在对方坚持不离婚的前提下，知道第一次诉讼肯定离不了，就谎报自己的财产，先交50元诉讼费。等到半年后，再提出离婚，这次就真正报足财产了。

很多律师在立案时，出于对案件方向不好把握以及为当事人省费用考虑，会将争议财产金额控制在1万元左右，从而让当事人少交诉讼费。但是如果法院一旦决定处理这些财产，通常会告知当事人补交诉讼费。一旦通知原告补交诉讼费，一般意味着法院判离的可能性较大。

此外，法院调查取证还要收取相关费用。如果一方存心隐匿夫妻共同财产，另一方可向法院提出调查取证。法院会收取这笔调查费用，最多几百元而已。

律师费：到法院离婚者，一般都会请律师。离婚的律师费不高：最低的是1000—2000元，按照双方财产的多少，律师费也按比例收取，财产越多，比例越低。如果争议财产超过50万元，超出部分还要加收一定比例。这个百分比有的律师是1%，有的律师是2%。

图书在版编目(CIP)数据

一学就会的经济学 / 张彩彩，于富荣编著. —北京：中国法制出版社，2019.3

ISBN 978-7-5216-0068-1

Ⅰ.①一… Ⅱ.①张… ②于… Ⅲ.①经济学—通俗读物 Ⅳ.①F0-49

中国版本图书馆CIP数据核字（2019）第041493号

策划编辑：李　佳（amberlee2014@126.com）

责任编辑：李　佳　周熔希　　　　封面设计：汪要军

一学就会的经济学

YI XUE JIU HUI DE JINGJIXUE

编著 / 张彩彩　于富荣

经销 / 新华书店

印刷 / 三河市国英印务有限公司

开本 / 880毫米×1230毫米　32开　　　　印张 / 8.5　字数 / 226千

版次 / 2019年3月第1版　　　　2019年3月第1次印刷

中国法制出版社出版

书号ISBN 978-7-5216-0068-1　　　　定价：39.80元

北京西单横二条2号　邮政编码100031　　　　传真：010-66031119

网址：http://www.zgfzs.com　　　　**编辑部电话：010-66053217**

市场营销部电话：010-66033393　　　　**邮购部电话：010-66033288**

（如有印装质量问题，请与本社印务部联系调换。电话：010-66032926）